1. Auflage 2012

©Anita Berkmiller
E-Mail-Adresse: info@sprachsache.de
Website: www.sprachsache.de
Herstellung: Lulu.com

ISBN: 978-1-4716-5254-7

Wörterbuch

Speisen
und
Speisenkarten

Russisch-Deutsch

mit Deutsch-Russischem Index

Vorwort

Hauptziel dieses Wörterbuches ist es, das Verstehen von russischen Speisekarten zu erleichtern. Besonders wichtig war dabei, das Büchlein so kompakt wie möglich zu halten, damit es immer noch in die Tasche passt.

Auch für Menschen mit guten Russischkenntnissen sind die Geheimnisse der gastronomischen Sprache nicht immer leicht zu verstehen, deshalb wurden – wo notwendig – neben der deutschen Entsprechung auch kurze Erklärungen angefügt. Beschreibungen von Gerichten sind natürlich nicht verbindlich, da sich auch in Russland Zutaten und Zubereitungsmethoden in unterschiedlichen Regionen oder sogar bei verschiedenen Köchen unterscheiden können.

Auf Umschriften in lateinischer Schrift wurde im Wörterbuch aus Platzgründen verzichtet. Erfahrungsgemäß ist die Kommunikation auch mit Umschrift für Menschen ohne Russischkenntnisse sehr schwierig. Einige hilfreiche Sätze mit Umschrift sind dem Wörterbuch aber trotzdem vorangestellt.

Um die Suche nach einzelnen Wörtern einfacher zu gestalten, ist auf jeder Seite des Wörterbuchs oben das russische Alphabet abgedruckt. An den russisch-deutschen Teil des Wörterbuchs schließt sich ein deutsch-russischer Teil mit den wichtigsten Wörtern an, um zum Beispiel nach bestimmten Zutaten fragen zu können.

Viele Gerichte auf russischen Speisekarten sind aus einem Substantiv und Adjektiv – also Hauptwort und Eigenschaftswort – zusammengesetzt. Die Reihenfolge der beiden Bestandteile kann dabei verändert werden. **Картофельное пюре** bedeutet daher dasselbe wie **пюре картельное**, also „kartoffeliges Püree", oder richtiger, Kartoffelpüree.

Um im Wörterbuch Platz zu sparen, werden diese Adjektive direkt nach dem Substantiv eingetragen, wenn sie im Alphabet direkt auf das Substantiv folgen. Ein Eintrag kann also folgendermaßen aussehen:

абрикос/абрикосовый Aprikose

„абрикосовый" bedeutet dabei „aus/mit Aprikosen", etwa in Zusammensetzungen wie Aprikosenmarmelade oder Aprikosensaft.

Bei Kommentaren oder Anregungen zu diesem Wörterbuch freue ich mich über eine E-Mail an die im Impressum genannte Adresse.

Nun aber viel Spaß in Russland und natürlich –

ПРИЯТНОГО АППЕТИТА – Guten Appetit!

Das kyrillische Alphabet

А	а	a	Р	р	r	
Б	б	b	С	с	s (stimmlos)	
В	в	w	Т	т	t	
Г	г	g	У	у	u	
Д	д	d	Ф	ф	f	
Е	е	e/je	Х	х	ch	
Ё	ё	jo	Ц	ц	z	
Ж	ж	sh (stimmhaft)	Ч	ч	tsch	
З	з	s (stimmhaft)	Ш	ш	sch (stimmlos)	
И	и	i	Щ	щ	schtsch	
Й	й	kurzes i	Ъ	ъ	hartes Zeichen	
К	к	k	Ы	ы	Laut zwischen „i" und „ü"	
Л	л	l	Ь	ь	weiches Zeichen	
М	м	m	Э	э	ä	
Н	н	n	Ю	ю	ju	
О	о	o	Я	я	ja	
П	п	p				

Typische Kategorien in Speisekarten

Холодные закуски	Kalte Snacks/Vorspeisen
Горячие закуски	Warme Snacks/Vorspeise
Салаты	Salate
Супы	Suppen
Первые блюда	Vorspeisen
Вторые блюда	Hauptgerichte
Рыба / Рыбные блюда	Fischgerichte
Мяса / Мясные блюда	Fleischgerichte
Детское меню	Gerichte für Kinder
Гарниры	Beilagen
Десерты	Desserts
Безалкогольные напитки	Alkoholfreie Getränke
Алкогольные напитки	Alkoholische Getränke
Пиво	Bier
Винная карта / карта вин	Weinkarte
Коктейли	Cocktails
Кофе	Kaffee
Чай	Tee

Einige hilfreiche Sätze

Hinweise zur Aussprache: Die betonte Silbe ist unterstrichen, Vokale sind im Russischen etwas länger als im Deutschen. „Y" klingt wie eine Mischung aus „ü" und „i", „sh" ist stimmhaft (wie in Garage), „sch" ist stimmlos.

Hallo	Привет	Priwjet
Guten Tag (jederzeit)	Здравствуйте	Sdrastwutje
Guten Morgen	Доброе утро	Dobraje utra
Guten Tag	Добрый день	Dobry djen
Guten Abend	Добрый вечер	Dobry wjetschir
Gute Nacht	Спокойной ночи	Spakoinai notschi
Auf Wiedersehen	До свидания	Da swidanija
Tschüss	Пока	Paka
Ja	Да	Da
Nein	Нет	Njet
Danke	Спасибо	Spassiba
Bitte	Пожалуйста	Pashalsta
Entschuldigung	Извините	Iswinitje
Ich verstehe nicht.	Я не понимаю	Ja ni panimaju

Ich spreche kein Russisch.	Я не говорю по-русски	Ja ni gawarju pa-russki
Sprechen Sie Deutsch/ Englisch?	Вы говорите по-немецкий / по-английский?	Wy gawaritje pa-nemjezki / pa-angliski?
Ist dieser Tisch frei?	Этот стол свободен?	Ätat stol swabodjen?
Darf man hier rauchen?	Можно курить?	Moshna kurit?
Wo ist die Toilette?	Где туалет?	Gdje tualjet?
Was können Sie empfehlen?	Что Вы мне посоветуете?	Schto wy mnje pasawjetujete?
Was ist das?	Что это такое?	Schto äta takoje?
Haben Sie auch vegetarische Gerichte?	У Вас есть вегетарианские блюда?	U was jest wegetarjanskie bljuda?
Ist das scharf?	Это острое?	Äta ostraje?
Ich bin allergisch auf...	У меня аллергия на...	U minja allergija na...
Könnten Sie dieses Gericht auch ohne ... kochen?	Вы могли бы это приготовить без ...?	Wy magli by äta prigatowit bjes ...?
Bringen Sie bitte...	Принесите пожалуйста...	Prinesitje pashalsta...
Hier fehlt noch...	Здесь не хватает...	Sdjes ne chwatajet ...
Das haben wir nicht bestellt.	Мы этого не заказывали.	My ätawa ni sakasywali.

Wieviel kostet das?	Сколько это стоит?	Skolka äta stoit?
Das ist kalt.	Это холодно.	Äta choladna.
Kann man mit Kreditkarte bezahlen?	Можно платить кредитной карточкой?	Moshna platit kreditnai kartatschkai?
Die Rechnung bitte.	Счёт, пожалуйста.	Schtschot, pashalsta.
Getrennte Rechnungen.	Отдельные счета.	Atdjelnyje schtscheta.
Das ist für Sie.	Это Вам.	Äta wam.
Stimmt so.	Сдачи не надо.	Sdatschi ni nada.
Stellen Sie mir bitte eine Quittung aus.	Дайте мне, пожалуйста, квитанцию.	Daitje mnje, pashalsta, kwitanziju.
Haben Sie ...	У вас есть...?	U was jest ... ?
Wo ist hier ...	Где можно найти ...?	Gdje moshna na'iti ...?

Haltbarkeit bei Lebensmitteln

Die Kennzeichnung von Lebensmittel ist auf den ersten Blick etwas verwirrend, da entweder das Mindesthaltbarkeitsdatum oder das Produktionsdatum angegeben ist.

Haltbar bis:	Срок годности: Употребить до: Годен до:
Produziert /abgepackt am:	Дата производства / изготовления: Изготовлено: Выработано:

абалон Seeohr, Abalone (Muschel)

абрикос/абрикосовый Aprikose

абсент Absinth

авамори Awamori (japanisches alkoholisches Getränk, das aus Reis destilliert wird)

августовский шампиньон Riesenchampignon, Riesenegerling

авокадо/авокадовый Avocado

австралийский australisch

австралийский орех Macadamianuss

австрийский österreichisch

агава/агавовый Agave

агар-агар Agar-Agar (Pflanzliches Geliermittel aus Algenextrakten, wird in der asiatischen Küche für Suppen und Soßen verwendet)

агаровое желе Agar-Agar-Gelee

аджапсандал, аджапсандал aserbaidschanisches Gemüseragout aus Tomaten, Auberginen und Paprika

аджика scharfe Soße aus Tomaten, Paprika, Peperoni und Knoblauch

азербайджанский aserbaidschanisch

азу tatarisches Gericht aus angebratenem Fleisch (Rind oder Hammel), das mit Gemüse (Tomaten, Zwiebel, Kartoffel) gedünstet wird, auch: Fleisch, das in die Form für dieses Gericht geschnitten ist

айва Quitte

айвовый джем Quittenmarmelade

айнтопф Eintopf

айоли Aioli (spanische Soße, die hauptsächlich aus Öl und Knoblauch besteht)

аир Kalmus, deutscher Ingwer

Айриш кофе Irish Coffee (mit Sahne und Whiskey)

айсберг Eisbergsalat

акациевый мёд Akazienhonig

аквавит Aquavit, Akvavit (Spirituose mit Kümmel)

акула колючая Dornhai, Steinlachs

акула кошачья Katzenhai

акула полярная Grönlandhai, Eishai

акула сельдевая Heringshai, Kalbfisch

алиготе Aligoté, in Moldawien häufig angebaute Weißweinsorte, leichter säurebetonter Wein

алтайский сыр harter Käse aus Kuhmilch aus dem Altai

алыча Kirschpflaume, Türkenkirsche

аль денте al dente (bissfest)

амарена Amarenakirsche

американский amerikanisch

американский кофе / Американо Kaffee Americano, eigentlich verlängerter Espresso, in Russland oft einfach Filterkaffee

американский орех Paranuss

аметистовая сыроежка Amethyst-Täubling (Pilz)

амур чёрный schwarzer Amur, schwarzer Graskarpfen

амурский осётр Amur-Stör

ананас/ананасовый Ananas

английский englisch

анис Anis

анис звёздчатый Sternanis

аннона Annona, Cherimoya (Tropenfrucht)

антарктический горбыль Adlerfisch

антипасто, антипасти Antipasti

антрекот Entrecôte, Zwischenrippenstück, Steak

анчоус Anchovis, Sardelle

анчоус европейский europäische Sardelle

анчоус перуанский peruanische Sardelle

апельсин/апельсиновый Orange

аперитив Aperitif

аптечная мелисса Zitronenmelisse

арабский arabisch

арак Arak (Anisschnaps)

арахис/арахисовый Erdnuss

арбуз Wassermelone

аргентинский argentinisch

арманьяк Armagnac (Weinbrand)

армянский armenisch

арония Apfelbeere

артишок Artischocke

аспик Aspik, Sülze

Ассам/ассамский чай Assam (Schwarzteesorte), auch als "English breakfast tea"

ассорти мясное Wurstaufschnitt, Wurstplatte

ассорти овощное Gemüseplatte

ассорти рыбное Fischplatte

ассорти сырное Käseplatte, Käseaufschnitt

атлантическая макрелещука atlantischer Makrelenhecht

атлантическая сайра atlantischer Makrelenhecht

атлантическая сельдевая акула Heringshai, Kalbfisch

атлантическая скумбрия Makrele

атлантический осётр Europäischer Stör, Baltischer Stör

аурикулярия уховидная Judasohr, Mu-Errh-Pilz

ацерола Acerola, Acerolakirsche

Б-52 B-52 (Cocktail aus Kaffeelikör, Cremelikör und Rum)

бабагануж Baba ghanoush (Salat aus Auberginen mit Olivenöl und Gewürzen, kann auch püriert serviert werden)

баварский bayrisch

багет Baguette

бадьян Sternanis

базилик Basilikum

Байкал kohlesäurehaltiges alkoholfreies Getränk mit Extrakten von verschiedenen Kräutern und ätherischen Ölen

байкальский омуль Omul, Baikal-Omul (lachsartiger Knochenfisch)

баклава Baklava (Gebäck aus Blätterteig und Nüssen)

баклажан/баклажановый Aubergine

балтийская сельдь Strömling, Ostseehering (Heringsartiger Fisch)

балык gedörrter/ geräucherter Fischrücken

бальзам Kräuterlikör

бальзамический уксус Balsamico-Essig

бамбук Bambus

бамия Okra

банан/банановый Banane

банка Dose

банный мёд Seimhonig

барабуля/барабулька Rotbarbe, Rote Meerbarbe

бараний горох Kichererbse

баранина Lamm-, Hammel-, Schaffleisch

баранья aus Hammel, Hammel-

барбадосская вишня Acerola, Acerolakirsche

барбарис Berberitzen-Beere

барбекю Barbecue (als Geschmacksrichtung bei Soßen etc.)

баррамунди Barramundi (barschartiger Fisch)

бархатистый samtweich

бархатное пиво "samtweiches" Bier

басмати Basmatireis

бастурма Basturma, Pastirma (unter Turkvölkern verbreitetes stark gewürztes Rinderdörrfleisch, wird meist kalt serviert)

батат Süßkartoffel, Batate

батон Weißbrotstange, Baguette

батончик Langsemmel, Schokoladenriegel

беарнский соус Sauce béarnaise

бедренная часть Schenkel, Schinken, Keule

бедро, бёдрышки Keule, Schenkel

без ohne

без газа ohne Kohlensäure

безалкогольный alkoholfrei, nicht alkoholisch, Soft Drinks

безе Baiser

Бейлиз™ Baileys (irischer Creamlikör aus Whiskey und Sahne)

бекон Speck, Frühstücksspeck, Bacon

белая волнушка Flaumiger Milchling, blasser Zottenreizker (Pilz)

белая сосиска Weißwurst

белки Eiweiß

белоглазка Zobel, Scheibpleinzen (Fisch aus der Familie der Karpfen)

белок Eiweiß

белорыбица Weißlachs

белуга Europäischer Hausen, Belugastör

белужья икра Kaviar vom Belugastör, gilt als der feinste und teuerste Kaviar, im Verkauf gekennzeichnet durch einen blauen Deckel

белый weiß

белый гриб Steinpilz

белый груздь Wimpern-Milchling (Pilz), wird in Russland häufig eingelegt

белый маслёнок Elfenbein-Röhrling

белый морской окунь Barramundi (barschartiger Fisch)

белый подгруздок gemeiner Weiß-Täubling, breitblättriger Weiß-Täubling (Pilz)

белый рис weißer Reis, geschliffener Reis

Белый русский White Russian (Cocktail aus Vodka, Kahlua und Sahne)

белый хлеб Weißbrot

бельгийский belgisch

белянка Flaumiger Milchling, blasser Zottenreizker (Pilz)

беляш tatarische runde Fleischtaschen

бергамот Bergamotte (Zitrusfrucht)

берлинер, Берлинский пончик Krapfen, Berliner, Pfannkuchen

бёрш Wolgazander, Berschik, Steinschill

бескостный ohne Knochen

бестер dem Stör ähnlicher Fisch, Kreuzung aus Beluga und Sterlet

бефстроганоф Boeuf Stroganoff (Geschnetzeltes mit Zwiebeln, Smetana und Essiggurken)

бешамель Béchamelsoße (helle Soße aus Milch, Butter und Mehl)

бешбармак Eintopf aus gekochtem Hammel (traditionell das ganze Tier, inklusive Kopf und Innereien) und mitgekochten Teigstücken (vergleichbar mit übergroßen Nudeln), traditionell wird das Gericht in einer großen Schüssel serviert und mit den Fingern gegessen

бигос Eintopf aus Sauerkraut, Kraut und Fleisch (und anderen variierenden Zutaten)

бизнес ланч Business Lunch, Mittagsmenü

билимби Bilimbi, Frucht des Gurkenbaums (ähnlich der Sternfrucht)

бисквит Biskuit

биточек Fleischklößchen, Fleischbällchen, seltener Klößchen aus Gemüse oder Fisch

биттер Bitter (Spirituose)

бифштекс Frikadelle, Fleischpflanzl

бифштекс татарский Tatar (rohes Rinderhack)

блин/блинчик Pfannkuchen, Eierkuchen

блюдцевик жилковатый Morchelbecherling, Flatschmorchel (Pilz)

боб Bohne

боб конский Ackerbohne, Saubohne, Favabohne

боб обыкновенный/ русский/садовой Ackerbohne, Saubohne, Favabohne

бобы мунг Mungobohnen

бобы соевые Sojabohnen

бозартма aserbaidschanischer Eintopf aus Hammel oder Geflügel und Gemüse

бозбаши georgische Suppe aus Hammelfleisch, Fett, Zwiebeln und Koriander

бок осетровый Störfleischstreifen, meist kalt geräuchert

бокал Glas mit Stiel für Wein oder Cocktails

болгарский bulgarisch

болгарский перец Gemüsepaprika

болет грязно-бурый Netzstieliger Hexenröhrling (Pilz aus der Familie der Dickröhrlinge)

болетус красноножковый Flockenstieliger Hexenröhrling, Tannen-, Schuster-, Donnerpilz, Zigeuner

болотная сыроежка Apfel-Täubling (Pilz)

болотный подберёзовик Moor-Birkenpilz

большой ромб Steinbutt

боровик Steinpilz

боровик девичий Anhängselröhrling, Gelber Steinpilz

боровик пастбищный Rotfußröhrling, Rotfüßchen (Pilz)

боровик поддубовиковый Flockenstieliger Hexenröhrling, Tannen-, Schuster-, Donnerpilz, Zigeuner

боровичка Borovicka (slowakischer Obstbrand)

Бородинский хлеб Roggenbrot mit Malz und Koriander

бортевой мёд Waldhonig

борщ Borschtsch (rote Suppe aus roter Beete und Gemüse, meist mit Fleisch)

ботвинья kalte Suppe aus Kwass, Gemüse und Fisch

бочковое пиво Bier vom Fass

бразильский орех Paranuss

бранч Brunch

браслетчатый паутинник geschmückter Gürtelfuß (Pilz)

браунколь Grünkohl

бренди Weinbrand

бри Brie

бризоль, бризоли Zubereitungsart von Fleisch, ähnlich dem Panieren aber mit mehr Ei und weniger Brot

бриль Glattbutt, Kleist

бриошь Brioche (Tafelgebäck aus Hefe)

бройлер Brathähnchen, Hähnchen

брокколи Brokkoli

брусника Preiselbeere

брусочек Stück, Stückchen

брынза ziemlich salziger weißer Schafskäse

брюква weiße Rübe, Steckrübe

брюссельская капуста Rosenkohl

брют Brut

брюшко Bauch (bei Fischen, Geflügel...)

бублик getrockneter harter Gebäckring

буженина Schweinebraten, wird auch kalt serviert

бузина Holunder

булочка Brötchen, Semmel

бульон Bouillon, Fleischbrühe

бульон костный Knochenbrühe, Knochenbuillon

бурачник Borretsch

бурбон Bourbon Whiskey (gebrannt aus min. 51% Mais)

бургер Burger

бурый млечник Mohrenkopf-Milchling, Essenkehrer, Schornsteinfeger (Pilz)

бутерброд belegtes Brot, Sandwich

бутерброд закрытый Sandwich

буха Boukha (tunesische Spirituose aus Feigen)

буханка Laib Brot, Kastenbrot

бычок (1) Grundel (Gattung recht kleiner Süß- oder Salzwasserfische, oft in Konserven verkauft)

бычок (2) Stierkalb, junger Ochse

бычок (3) Stink-Täubling (Pilz)

в in

в ассортименте verschiedene Sorten zur Auswahl

в печи aus dem Ofen

в тесте im Teig

вайсвурст Weißwurst

валерьянница Feldsalat

валуй Stink-Täubling (Pilz)

ваниль/ванильное Vanille

вареники Teigtaschen gefüllt mit z.B. Kartoffeln, Kraut, Kirschen, Pilzen etc.

варёный gekocht

варенье mit Zucker eingekochte Früchte, ähnlich wie Marmelade, aber viel flüssiger, meist zum Süßen von Tee verwendet

васильковый мёд Kornblumenhonig

вата сахарная/вата сладкая Zuckerwatte

ватрушка Käsekuchen, Quarkkuchen

вафлия Waffel

вахня Navaga, Komai-Fisch (Meereschfisch aus der Familie der Dorsche)

вегетарианский vegetarisch

венгерский ungarisch

венская сосиска Wiener Würstchen

вересковый мёд Heidekrauthonig

вермишель Fadennudeln, Vermicelli

вермут Wermut

вертел Spieß

вес Gewicht

вес нетто Nettogewicht

Вестфальский хлеб Pumpernickel

веточка Zweig

ветчина Schinken

вёшенка (обыкновенная) Austernseitling (Pilz)

вёшенка лёгочная Lungenseitling, Löffelförmiger Seitling, Austernseitling (Pilz)

вёшенка степная Kräuterseitling (Pilz)

вилка Gabel

вильчатая сыроежка grüner Speise-Täubling (Pilz)

винегрет Salat aus Gemüse

винная ягода Feige

вино Wein

вино белое Weißwein

вино игристое Schaumwein

вино красное Rotwein

вино креплёное starker Wein, Art Portwein

вино полусладкое halbsüßer Wein

вино полусухое halbtrockener Wein

вино столовое Tischwein

(lieblich)

вино сухое trockener Wein

виноград/виноградный Weintrauben

виноградный лист Weinblatt

виски Whiskey

вишня Барбадосская Acerola, Acerolakirsche

вишня обыкновенная Sauerkirsche

вишня/вишнёвый Kirsche

внутренности Innereien

вобла Wobla (karpfenartiger Fisch, wird in Russland oft in getrockneter Form zum Bier gegessen)

вода Wasser

вода газированная spritziges Wasser

вода минеральная Mineralwasser

вода негазированная stilles Wasser

водка Vodka

водоросль Alge, Tang

водяной орех Wassernuss, Wasserkastanie

войлочный груздь Wolliger Milchling, Erdschieber, Samtiger Milchling, Mildmilchender Wollschwamm (Pilz)

волвенка/волжанка
Birkenreizger, Birken-
Milchling, Zottiger Reizger
(Pilz)

волжский судак
Wolgazander, Berschik,
Steinschill

волнушка белая Flaumiger Milchling, blasser Zottenreizker (Pilz)

волнушка
розовая/волнянка
Birkenreizger, Birken-
Milchling, Zottiger Reizger
(Pilz)

вольвариелла
dunkelstreifiger
Scheidling,
schwarzstreifiger
Scheidling, Strohpilz, Reisstrohpilz

вольвариелла
слизистоголовая großer
Scheidling,
Ackerscheidling (Pilz)

вонючая сыроежка Stink-
Täubling (Pilz)

воробей морской
Seehase, Lumpfisch

ворчестер/
ворчестерширский
соус/вустерский соус
Worcester Sauce

въетнамский vietname-
sisch

выдержанный abgelagert,
reif, alt

вымя Euter

выпечка Gebäck

выработано Produziert am

вырезка говяжья Rinderfilet

вяленый gedörrt, getrocknet

г g (Gramm)

гадазелили georgische
Suppe aus Weichkäse und
Milch

газированная вода spritziges Wasser

газировка kohlensäurehal-
tiges Getränk, spritziges
Mineralwasser oder Soft
Drink

галангал Galgant, Thai-
Ingwer, chinesischer Ing-
wer

галантин Galantine (meist
kalt servierte Pastete aus
Fleisch oder Fisch)

гамбургер Hamburger

гарни-ярахи gebackenes
Gemüse mit Hackfleisch
und Gewürzen

гарнир Beilage (werden in Russland meist separat zu den Hauptgerichten bestellt)

гарцский сыр Harzer Käse

гауда Gouda

гвоздика Nelke

Георгиев гриб Mairitterling, Georgsritterling, Maipilz

гибискус Hibiskus

гигантская лангерманния Riesenbovist, Riesenstäubling (Pilz)

гигантский riesig, Riesen-

гигантский усач Riesenbarbe, Siamesischer Riesenkarpfen

гигрофор Ellerling (Pilz)

гигрофор ранний Märzschneckling, Schneepilz

гиропорус каштановый Hasenrührling, Zimt-Röhrling (Pilz)

гиропорус синеющий Kornblumen-Röhrling (Pilz)

гладкий калкан Glattbutt, Kleist

гладкий ромб Glattbutt, Kleist

глазунья яичница Spiegelei

глазурь Glasur

глинтвейн Glühwein

глубокая тарелка Suppenteller

глубоководный Tiefsee-

глутамат Glutamat

глухарь Auerhahn, Auerhuhn

ГМО (не содержит ГМО) genetisch veränderte Organismen (beinhaltet keine ~)

гнокки Gnocchi

говорушка подогнутая Mönchskopf (Pilz)

говядина Rindfleisch

говяжий Rind-, Rinder-, vom Rind

говяжья вырезка Rinderfilet

гоголь-моголь Zuckerei, Kogel-Mogel

годен до haltbar bis

голень Unterschenkel

голец обыкновенный Bachschmerle, Bartgrundel

голец усатый Bachschmerle, Bartgrundel

голландский holländisch

голландский соус Sauce hollandaise

голова Kopf

голубец Kohlroulade

голубика Rauschbeere

голубой млечник Indigo-Reizker

голубцы Kohroulladen, Krautwickel

голубь Taube

голяшка Hesse, Wade, Haxe, Fuß (beim Rind oder Schwein)

гомбо Okra

гоми georgische Krütze aus Maismehl

горбуша Buckellachs

горбыль антарктический Adlerfisch

горбыль королевский Adlerfisch

горбыль серый Adlerfisch

горгонцола Gorgonzola

горох Erbsen

горох бараний/ горох турецкий/ горох шиш Kichererbse

гороховая каша Erbsenmus, Erbseneintopf

горошек Erbsen

горошек душистый Gewürzkörner, Jamaikapfeffer

горчица/горчичный Senf

горчичное семя Senfkorn

горький bitter

горячего копчения heißgeräuchert

горячие закуски warme Vorspeisen

горячий heiß, warm

грабовик Hainbuchenröhrling (Pilz)

Град Марнье Grand Marnier™

гранат/гранатовый Granatapfel

гранита Granita (sizilianisches Dessert ähnlich wie Sorbet)

граппа Grappa

гребенчатый ежовик Igelstachelbart, Affenkopfpilz, Löwenmähne, Yamabusitake, Pom-Pom blanc

гребешок морской Kammmuscheln (z.B. Jakobsmuschel)

грейпфрут/ грейпфрутовый Grapefruit

гренадин Grenadine, Grenadinensirup

гренки geröstete Brotwürtel, Croutons

грецкий орех Walnuss

греча Buchweizen

греческий griechisch

греческий салат Griechischer Salat (meist aus Gurken, Tomaten, Oliven und Fetakäse)

гречиха Buchweizen

гречишный мёд Buchweizenhonig

гречка/гречневая каша Buchweizengrütze

гречневая крупа Buchweizen

гриб Pilz

гриб белый Steinpilz

гриб иноки gemeiner Samtfußrübling, Enoki (Pilz)

гриб кантонский/ гриб китайский dunkelstreifiger Scheidling, schwarzstreifiger Scheidling, Strohpilz, Reisstrohpilz

гриб красный Espenrotkappe, Rothaut-Röhrling (Pilz)

гриб перечный Pfefferröhrling (Pilz)

гриб портабело Portobello-Pilz

гриб соломенный dunkelstreifiger Scheidling, schwarzstreifiger Scheidling, Strohpilz, Reisstrohpilz

гриб цезарский Kaiserling, Kaiserpilz, Orangegelber Wulstling

гриб-баран Klapperschwamm, Laubporling, Maitake (Pilz)

гриб-зонтик Riesenschirmling (Pilz)

грибной aus Pilzen, Pilz-

гриб-плакун Stink-Täubling (Pilz)

грибы солёные eingelegte Pilze

грильяж Krokant

грифола курчавая Klapperschwamm, Laubporling, Maitake (Pilz)

грудинка Querrippe, Spannrippe, Leiter, Bauch, Unterbrust, Rinderbrust, geräucherter Schweinebauch

грудь/грудка Brust

груздь (настоящий, белый, сырой, мокрый, правский) Wimpern-Milchling (Pilz), wird in Russland häufig eingelegt

груздь войлочный Wolliger Milchling, Erdschieber, Samtiger Milchling, Mildmilchender Wollschwamm (Pilz)

груздь красно-коричневый Brätling, Milchbrätling, Brotmilchling, Birnenmilchling (Pilz)

груздь осиновый rosa-scheckiger Milchling

груздь чёрный Tannenreizker, olivbrauner Milchling (Pilz)

грузинский georgisch

груша/грушевый Birne

грюйер Greyerzer, Gruyère (Käse)

грюнколь Grünkohl

грязно-бурый болет Netzstieliger Hexenröhrling (Pilz aus der Familie der Dickröhrlinge)

гуайява Guave

гуляш Goulasch

гусиное яйцо Gänseei

гусь Gans

дары морей Meeresfrüchte

дата изготовления Abgepackt am

дата производства Produziert am

датский dänisch

дачный салат "Datscha-Salat" mit Gurken, Radieschen und anderem Gemüse

двойной эспрессо doppelter Espresso

дебреценская сосиска Debreziner Würstchen

девичий боровик Anhängselröhrling, Gelber Steinpilz

декафеинато entkoffeinierter Kaffee

деликатес Delikatesse

десерт Dessert, Nachspeise

джамайканский jamaikanisch

джекфрут Jackfrucht, Jakobsfrucht

джем Marmelade, Konfitüre

джем айвовый Quittenmarmelade

джин Gin

джуджа-плов Plov / Pilaw mit Hähnchen

джыз-быз kaukasisches Gericht aus gebratenen Hammelinnereien

дикий мёд wilder Honig

дикий рис Wildreis

дикий чеснок Bärlauch

дип Dip

дитали Ditali (Pasta)

дичь Wild

дня des Tages (als Teil von "Empfehlung des Tages", "Tagessuppe" etc.)

довга aserbaidschanische Suppe aus Kefir und Reis, oft mit Fleischklößchen

дождевик Stäubling (Pilz)

дождевик жемчужный/ дождевик шиповатый Flaschenstäubling, Flaschenbovist (Pilz)

докторская колбаса Brühwurst aus Schweinefleisch, Rindfleisch, Eiern und Milchpulver, erinnert an Diätwurst bzw. feine Fleischwurst

долма gefüllte Weinblätter

долька Stück, Scheibe

дольче латте Dolce Latte (süßer Caffe Latte mit Sirup)

домашний hausgemacht, Haus-, Hausmacher Art

дор блю Dorblu (Blauschimmelkäse der Käserei Champignon Hofmeister)

дорада Dorade, Goldbrasse

драже Dragée

драник Kartoffelpuffer

древесный помидор Tamarillo, Baumtomate

дрожалка листоватая Blattartiger Zitterling, Rotbrauner Zitterling (Pilz)

дрожалка оранжевая goldgelber Zitterling (Pilz)

дрожжи/дрожжевой Hefe

дубовик зернистоногий/ дубовик крапчатый Flockenstieliger Hexenröhrling, Tannen-, Schuster-, Donnerpilz, Zigeuner

дубовик обыкновенный/ дубовик оливково-бурый Netzstieliger Hexenröhrling (Pilz aus der Familie der Dickröhrlinge)

дубовый обабок Eichenrotkappe (Pilz)

дудчатый лук Winterzwiebel, Frühlingszwiebel

дунайский лосось Donau-lachs, Huchen, Rotfisch

дуплянка чёрная Tannen-reizker, olivbrauner Milch-ling (Pilz)

дуриан Durian (Frucht)

душбара aserbaidschani-sche klare Suppe mit klei-nen Pelmeni

душистый wohlriechend, duftend

душистый горошек Ge-würzkörner, Jamaikapfef-fer

душица wilder Majoran, Oregano

дым Rauch

дыня Melone

дыня медовая Honigme-lone

Дюшес kohlensäurehalti-ger Softdrink mit Birnen-aroma

европейская корюшка Europäischer Stint (Fisch)

европейская ряпушка kleine Maräne, Zwergma-räne, Kaisermaräne (Lachsartiger Süßwasser-fisch)

европейский анчоус eu-ropäische Sardelle

европейский удильщик Seeteufel, Anglerfisch

египетский ägyptisch

ежевика/ежевичный Brombeere

ежовик гребенчатый Igelstachelbart, Affen-kopfpilz, Löwenmähne, Yamabusitake, Pom-Pom blanc

ежовик пёстрый Ha-bichtspilz, Rehpilz

еловая мокруха großer Schmierling, Kuhmaul (Pilz)

еловик/ еловый рыжик Fichten-Reizker (Pilz)

ёрш Kaulbarsch

жареный gebraten, gerös-tet

жаркое Braten

жасмин Jasmin

жвачка/жевательная резинка Kaugummi

желатин Gelatine

желе Gelee

желе агаровое Agar-Agar-Gelee

жёлто-бурый подосиновик Birkenrot-kappe, Heidenrotkappe, Schwarzschuppige Rot-kappe (Pilz)

желток Eigelb, Eidotter

жёлтомясый моховик Rotfußröhrling, Rotfüßchen (Pilz)

желтохвост Gelbschwanzfisch

желудок Magen

жемчужный дождевик Flaschenstäubling, Flaschenbovist (Pilz)

жеруха Kresse

жидкая каша Mehlsuppe, dünnflüssige Grütze

жидкотекучий мёд flüssiger Honig

жилковатый блюдцевик Morchelbecherling, Flatschmorchel (Pilz)

жир Fett

жир курдючный Schwanzfett des Fettschwanzschafes (verbreitete in der türkischen und zentralasiatischen Küche)

жирный fettig

жиры Fett

жульен/жюльен Julienne (in Russland meist kleingeschnittene Pilze, oft mit Hähnchen, in Smetana gebacken, meist in kleiner Auflaufform serviert)

заваренный aufgebrüht

заварка Teeaufguss, Tee zum Aufgießen, starker Tee zum Verdünnen (im Samowar oben im kleinen Kännchen, wird vor dem Trinken mit dem heißen Wasser im großen Behälter vermischt)

завернутый eingewickelt, eingeschlagen, umhüllt

завтрак Frühstück

задняя нога Hinterbein, Keule, Schenkel

зажигалка Feuerzeug

закваска Sauerteig

закрытый бутерброд Sandwich

закуски Imbiss, kalte Vorspeise, Snacks

закуски горячие warme Vorspeisen

заливная рыба Fisch in Aspik

заливное Aspik, Sülze

замечательная сыроежка Brauner Leder-Täubling

запеканка Auflaufgericht, Gratin

запечённый überbacken, gebacken

заправка Zutat, Füllung, Soße

зарез Rinderhals, Nacken, Kamm, Stich

засоленный в рассоле gepökelt

зашпаренный gebraten

заяц Hase

зелёная сыроежка grasgrüner Täubling (Pilz)

зеленоватая сыроежка grüngefeldeter Täubling, gefelderter Grüntäubling (Pilz)

зелёно-красная сыроежка glänzender Leder-Täubling, weinbrauner Leder-Täubling (Pilz)

зелёный grün

зелёный лук Frühlingszwiebel

зелёный моховик Ziegenlippe (Pilz aus der Gattung der Filzröhrlinge)

зелень Kräuter

землистая рядовка Erdritterling (Pilz)

земляника Erdbeere

земляника лесная Walderdbeere

земляной орех Erdnuss

зернёный творог Hüttenkäse

зернистая икра körniger Kaviar (ganze Rogenkörner)

зернистоногий дубовик Flockenstieliger Hexenröhrling, Tannen-, Schuster-, Donnerpilz, Zigeuner

зернистый маслёнок Körnchen-Röhrling, Schmerling (Pilz)

зерновый Getreide-, Körner-

зефир Süßigkeit aus gespritztem, gezuckerten Eischnee, Baiser, Meringue

зимний winterlich, Winter-

зимний опёнок gemeiner Samtfußrübling, Enoki (Pilz)

золотая макрель Dorade

золотистая сыроежка Gold-Täubling (Pilz)

золотистая фасоль Mungobohnen

золотистый (морской) окунь Goldbarsch, Rotbarsch

золотистый пагр Meerbrasse

золотистый рогатик goldgelbe Koralle, Ziegenbart (Pilz)

золотистый спар Dorade, Goldbrasse

зонтичный трутовик Eichhase (Pilz)

зразы Gericht ähnlich einer Rinderroulade, das Fleisch kann aber auch Hackfleisch sein, die Füllung kann auch Reis, Buchweizen, Leber oder Speck enthalten

зубатка Seewolf

зубчик чеснока Knoblauchzehe

и und

иван-чай "Russischer Tee/koptischer Tee" aus Blättern des schmalblättrigen Weidenröschens

игристое вино Schaumwein

игристый prickelnd, perlend, schäumend

из aus

изготовлено hergestellt am

израильский israelisch

изысканный ausgesucht, auserlesen

изюм Rosine

икра Kaviar

икра белужья Kaviar vom Belugastör, gilt als der feinste und teuerste Kaviar, im Verkauf gekennzeichnet durch einen blauen Deckel

икра зернистая körniger Kaviar, (ganze Rogenkörner)

икра кабачковая kleingehackter oder pürierter Gurkenkürbis

икра кетовая Roter Kaviar, Lachskaviar, eigentlich Lachsrogen

икра осетровая Schwarzer Kaviar vom Stör

икра паюсная gepresster Kaviar, Presskaviar (mit zerdrückten Kaviarkörnern)

икра русского осетра Kaviar vom Ossietrastör oder Russischen Stör, im Verkauf gekennzeichnet durch einen gelben Deckel

икра, красная / лососёвая Roter Kaviar, Lachskaviar, eigentlich Lachsrogen

икра, севрюжья Kaviar vom Sevruga-Stör, im Verkauf gekennzeichnet durch einen orangen oder roten Deckel

икра, чёрная Schwarzer Kaviar vom Stör

имбирный эль Ginger Ale

имбирь/имбирный Ingwer

имеретинский сыр georgischer Weichkäse

импортёр Importeur

импортный importiert

индейка Pute, Truthahn

индийский indisch

индийский тамаринд/ индийский финик Tamarinde

инжир Feige

иноки gemeiner Samtfußrübling, Enoki (Pilz)

йогурт Joghurt

ирис Toffee (Süßigkeit)

ирландский irisch

Ирландский кофе Irish Coffee (mit Sahne und Whiskey)

ирландское рагу Irish Stew (Eintopf mit Lammfleisch und Kartoffeln)

искусственный мёд Kunsthonig

испанский spanisch

иссоп Ysop, Josefskraut

итальянский italienisch

кабан Wildschwein

кабачок Gurkenkürbis, Melonenkürbis

Каберне Совиньон Cabernet Sauvignon

Кавказ Kaukasus

казахстанский kasachisch

кайенский перец Cayenne-Pfeffer

какао Kakao

каламондин Calamondinorange, Citrofortunella, Calamansi

калач Brotring oder Brotkranz aus Weizenbrot

калган Galgant, Thai-Ingwer, chinesischer Ingwer

калкан гладкий Glattbutt, Kleist

калорийность Brennwert, Kaloriengehalt

Калуа Kahlua™

калуга Kaluga (Fisch aus der Familie der Störe)

кальвадос Calvados (Branntwein aus Cidre)

кальмар Kalmar, Tintenfisch

калья Suppe mit Fleisch
oder Fisch mit Essiggur-
kenbrühe

кальян Shisha, Wasserpfei-
fe

камамбер Camembert

камбала морская Scholle,
Goldbutt

камберленд соус
Cumberland sauce (pikan-
te Soße aus
Johannisbeergelee, Port-
wein und Gewürzen)

камчатский краб
Kamtschatkakrabbe, Kö-
nigskrabbe

камчатский салат
Kamtschatkasalat (je nach
Zubereitung mit Fisch,
Krabbenfleisch oder
Krabben)

канадский kanadisch

канапе Kanapee, Canapé

каннеллони Canneloni
(Pasta)

канталуп Cantaloupe-
Melone

кантонский гриб
dunkelstreifiger
Scheidling,
schwarzstreifiger
Scheidling, Strohpilz, Reisstrohpilz

канун süße Getreidespeise
aus gekochtem Weizen,
Honig, Nüssen und Rosi-
nen

каперсы Kapern

каплун Kapaun, Masthahn

капля Tropfen

капуста Kraut, Weißkohl

капуста брюссельская
Rosenkohl

капуста квашеная Sauerkraut

капуста китайская Chinakohl

капуста кормовая Grünkohl

**капуста красная/капуста
краснокочанная** Rotkohl,
Rotkraut

капуста листовая Grünkohl

капуста миланская Wirsing

капуста морская Seetang,
Laminaria

капуста савойская Wirsing

капуста спаржевая Brokkoli

капуста цветная Blumenkohl

капучино Cappuccino

кара-аге Karaage, chinesische bzw. japanische Art des Frittierens, meist in süßer Sojasoße

каравай runder Brotlaib, oft süß, wird zu Feierlichkeiten wie Hochzeiten gebacken

каракатица Tintenfisch

карамбола Sternfrucht, Karambole

карамель Karamell, Oberbegriff für Süßigkeiten

карась Carassius, Karausche, Bauernkarpfen

карбонат/карбонад Karbonadenbraten, Kotelettstrang mit oder ohne Knochen als Braten zubereitet, auch kalt in feinen Scheiben serviert

кардамон Kardamom

каре Karree, Rippenstück

карельский хлеб Kastenbrot mit Rosinen und Koriander

карп Karpfen

карпачо, карпаччо Carpaccio

карри Curry

карта вин Weinkarte

карта напитков Getränkekarte

картофель Kartoffeln

картофель отварной gekochte Kartoffeln

картофель по–деревенски gebackene Kartoffelecken, Kartoffel Wedges

картофель сладкий Süßkartoffel, Batate

картофель фри Pommes Frites

картофельное пюре Kartoffelpüree

картофельные дольки Kartoffelspalten, Wedges

картофельные рости Kartoffelrösti

картофельные шарики Kartoffelbällchen, Kartoffelknödel, Kartoffelklöße

картошка Kartoffel

картошка в мундире Pellkartoffel

Каспийский осётр Russischer Stör, Ossietra-Stör, Waxdick

кассата cassata (alla siciliana), Schichttorte, übertragen auch Eisbombe

кастрюля Kochtopf

катран (1) Dornhai, Steinlachs

катран (2) Meerkohl

каша Grütze, Brei

каша гороховая Erbsenmus, Erbseneintopf

каша гречневая Buchweizengrütze

каша жидкая Mehlsuppe, dünnflüssige Grütze

каша манная Grießgrütze, Grießbrei

каша овсяная Hafergrütze, Haferschleim

каша перловая Graupengrütze

каша пшённая Hirsebrei

каша рисовая Reisgrütze, Milchreis (wenn mit Milch)

кашаса Cachaça (Zuckerrohrschnapps)

каштан Edelkastanie

каштановый гиропорус Hasenrührling, Zimt-Röhrling (Pilz)

каштановый моховик Maronenröhrling, Braunkappe (Pilz)

квас Kwass (Erfrischungsgetränk aus Wasser, vergorenem Malz und Roggen, oft auch Brot)

квашеная капуста Sauerkraut

квиноа Quinoa, Inkareis

кг kg (Kilogramm)

кебаб Kebab

кедровый орех Zirbelnuss, Pinienkern

кекс Sammelbegriff für verschiedenen Sorten Kuchen und Kleingebäck, meist trockener Kuchen

кенгуру Känguru

кёнигсбергские клопсы Königsberger Klopse (Fleischklößchen in Kapernsoße)

кервель Kerbel

керусус Armenisches Gericht aus gebratenem Hammel oder Rind mit Gemüse

кесарев мухомор Kaiserling, Kaiserpilz, Orangegelber Wulstling

кета Ketalachs, Hundslachs, sibirischer Lachs

кетовая икра Roter Kaviar, Lachskaviar, eigentlich Lachsrogen

кетчуп Ketchup
кефаль Meeräsche, Harder
кефир Kefir
кешью Cashewnuss
киви Kiwi
кижуч Silberlachs
кизил Kornelkirsche, Hartriegel
кизлярка kaukasischer Schnapps aus Weintrauben, seltener anderem Obst
килец kleine Maräne, Zwergmaräne, Kaisermaräne (Lachsartiger Süßwasserfisch)
килька kleine Fische aus der Familie der Heringe, darunter Sprotten (meist aus der Konservendose)
кинза Koriander
кипрейный мед Weidenröschenhonig
киприйский zypriotisch
кирш/киршвассер Kirschwasser
кисель Süß-säuerliches dickflüssiges Fruchtgetränk (warm oder kalt)
кисло-сладкий süß-sauer
кислота Säure
кислый sauer

китайская капуста Chinakohl
китайская плотва schwarzer Amur, schwarzer Graskarpfen
китайская слива Litschi, Lychee
китайский chinesisch
китайский гриб dunkelstreifiger Scheidling, schwarzstreifiger Scheidling, Strohpilz, Reisstrohpilz
кишмиш Sultanine
ккал kcal (Kalorien)
клаб-стейк Clubsteak (aus dem hinteren Teil der Hochrippe)
клеверный мёд Kleehonig
клементин Clementine (Zitrusfrucht, Hybrid aus Orange und Mandarine)
кленовый сироп Ahornsirup
клёцка Kloß, Klößchen, Bällchen, Nockerl
клёцки манные Grießknödel
клешня Schere (bei Hummer etc.)
клоповник Kresse

клопсы кёнигсбергские Königsberger Klopse (Fleischklößchen in Kapernsoße)

клубника/клубничный Erdbeere

клубный сэндвич Clubsandwich (dreieckiges Sandwich aus zwei Toastscheiben und Belag)

клюква/клюквенный Moosbeere

кляр Ausbackteig, Backteig, "Bierteig" (in Russland aber häufiger mit Milch als mit anderen Flüssigkeiten)

кмин Cumin, Kreuzkümmel

кнедли Knödel, Kloß

коврижка Gebäckring aus Lebkuchenteig, meist mit Nüssen, Honig und Rosinen

кожа Haut

кожура Schale, Haut (bei Obst und Gemüse)

коза Ziege

козелец Schwarzwurzel

козий сыр Ziegenkäse

козляк Kuh-Röhrling, Kuhpilz

козули nordrussische kleine Lebkuchen

козье молоко Ziegenmilch

козюли nordrussische kleine Lebkuchen

кокос Kokos

кокосовое молоко Kokosmilch

кокосовый орех Kokosnuss

кокот Gericht wie Julienne (meist kleingeschnittene Pilze, oft mit Hähnchen, in Smetana gebacken, meist in kleiner Auflaufform serviert)

коктейль Cocktail

коктейль молочный Milchshake

коктейльне креветки Cocktail-Krabben

кола Coca Cola

колба Bärlauch

колбаса Wurst

колбаса докторская Brühwurst aus Schweinefleisch, Rindfleisch, Eiern und Milchpulver, erinnert an Diätwurst bzw. feine Fleischwurst

колбаса кровяная Blutwurst

колбаса ливерная Leberwurst

колбаса любительская
feine Brühwurst aus Rind-
und Schweinefleisch und
Speck, rosa mit weißen
Speckstückchen

колбаса московская geräucherte und gebrühte
Wurst aus Rind- und
Schweinefleisch und
Speck (50%), Aussehen rot
mit weißen Speckstück-
chen

колбаса полтавская
leichtgeräucherte Wurst
aus Rind- und Schweine-
fleisch, ähnlich einer groben Salami

колбаски Würstchen

коливо süße Getreidespeise aus gekochtem Wei-
zen, Honig, Nüssen und
Rosinen

коллибия масляная
Butterrübling, Horngrauer
Rübling (Pilz)

колпак кольчатый Reif-
pilz, Hühnerkoppe

кольраби Kohlrabi

кольцо калмара Tintenfischring

кольчатый колпак Reif-
pilz, Hühnerkoppe

колючая акула Dornhai,
Steinlachs

компот Kompott (einge-
weichtes Dörrobst in sü-
ßer Flüssigkeit, meist im
Trinkglas serviert, oft Getränk und Dessert zu-
gleich)

консервант Konservie-
rungsmittel

конский боб Ackerbohne,
Saubohne, Favabohne

консоме Consommé (klare
Kraftbrühe)

конфи Confit (in Fett gekochtes, haltbar gemach-
tes Fleisch, meist von Ente, Gans oder Schwein)

конфитюр Konfitüre

концентрат Konzentrat

коньяк Kognak

копорка/копорский чай
"Russischer
Tee/koptischer Tee" aus
Blättern des schmalblätt-
rigen Weidenröschens

копчёный geräuchert

кордон блю Cordon Bleu

корейка Rippenstück,
Rücken, Karree

корейский koreanisch

корень чёрный Schwarzwurzel

коренья Wurzelgemüse, Gewürzpflanzen

корзинка Korb, Körbchen

корзиночка Minitörtchen, selten auch herzhaft gefüllte Körbchen aus Teig

кориандр Koriander

корица Zimt

корка Kruste, Rinde

кормовая капуста Grünkohl

корнишон Cornichon

корова Kuh

коровье Rind-, Kuh-

королевские креветки Königskrabben

королевский горбыль Adlerfisch

корочка Kruste, Überzug

корюшка Stint (Fisch)

корюшка европейская Europäischer Stint (Fisch)

косидо Cocido (spanischer Eintopf)

Космополитен Cosmopolitain (Cocktail mit Vodka, Cointreau und Cranberry-Saft)

костный бульон Knochenbrühe, Knochenbuillon

костный мозг Knochenmark

косточка Kern, Stein, Knöchelchen, kleine Gräte

кострец Hüfte, Schwanzstück vom Rind

кость Knochen

косуля Rehfleisch

котлета Frikadelle, Fleischküchle, Fleischpflanzl

котлеты по-киевски mit Butter gefülltes paniertes Hühnerfilet

кофе Kaffee

Кофе Американо / американский Kaffee Americano, eigentlich verlängerter Espresso, in Russland meist "normaler" Filterkaffee

кофе глясе Eiskaffee

кофе по-ирландски Irish Coffee (mit Sahne und Whiskey)

кофе по-турецки türkischer Kaffee, Mokka

кофе-фраппе Café frappé

кошачья акула Katzenhai

краб Krabbe

краб камчатский Kamtschatkakrabbe, Königskrabbe

крабовое мясо Krebsfleischimitat

крабовые палочки Stäbchen aus Krebsfleischimitat

край толстый rib eye, Scotch fillet

крапива Brennessel, Nessel

крапчатый дубовик Flockenstieliger Hexenröhrling, Tannen-, Schuster-, Donnerpilz, Zigeuner

краситель Farbstoff

красная икра Roter Kaviar, Lachskaviar, eigentlich Lachsrogen

красная капуста Rotkohl, Rotkraut

красная нерка Rotlachs

красная смородина rote Johannisbeere

красник Espenrotkappe, Rothaut-Röhrling (Pilz)

красноголовик Espenrotkappe, Rothaut-Röhrling (Pilz)

краснокочанная капуста Rotkohl, Rotkraut

красноножковый болетус Flockenstieliger Hexenröhrling, Tannen-, Schuster-, Donnerpilz, Zigeuner

красноспоровый порфиреллус/ красноспоровый порфировик düsterer Röhrling, Porphyrröhrling (Pilz)

краснуха Birkenreizger, Birken-Milchling, Zottiger Reizger (Pilz)

красный rot

красный гриб Espenrotkappe, Rothaut-Röhrling (Pilz)

красный лук rote Zwiebel

красный подосиновик Espenrotkappe, Rothaut-Röhrling (Pilz)

красуля Birkenreizger, Birken-Milchling, Zottiger Reizger (Pilz)

красюк Espenrotkappe, Rothaut-Röhrling (Pilz)

крахмал Stärke, Speisestärke

креветки Garnelen

креветки королевские Königskrabben

крекер Cracker

крем Creme

крем-суп Cremesuppe, Rahmsuppe

крендель süßes oder herzhaftes Gebäck, erinnert von der Form an eine Brezel

крепкий stark

кресс-салат Kresse

Кровавая Мэри Bloody Mary

кровяная колбаса Blutwurst

кровянка Blutwurst

крокеты Kroketten

кролик Kaninchen

крольчатина Kaninchen

круглозерный рис Rundkornreis

кружка Krug

крупа Graupe, Grütze

крупа гречневая Buchweizen

крупа манная Grieß, Weizengrieß

крупа овсяная Hafer

крупа перловая Graupen

крупа ячневая gemahlene Gerste

крупнолистовый großblättrig (Tee, Tabak etc.)

крыжовник Stachelbeere

крыло Flügel

крылышко Flügel

крымское шампанское Krimsekt

крюшон Bowle

куантро Cointreau™ (Orangenlikör)

кубик льда Eiswürfel

кузнец Petersfisch, Heringskönig, Martinsfisch

кукуруза Mais

кулебяка Kulebjak, Pastete aus Hefeteig, ungefähr so groß wie ein Laib Brot, gefüllt mit Fleisch, Fisch, Sauerkraut, Pilzen o.ä.

кулич typischer Osterkuchen mit Rosinen, Vanille und mit Puderzucker bestrichen

кумберленд соус Cumberland sauce (pikante Soße aus Johannisbeergelee, Portwein und Gewürzen)

кумкват Kumquat, Limequat, Zwergorange (asiatische Frucht)

кумыс leicht alkoholhaltiges Getränk aus vergorener Stutenmilch

кунжут/кунжутный Sesam

купырь Kerbel

курага getrocknete Aprikosen ohne Steine

курдюк Fettschwanz

курдючное сало/ курдючный жир Schwanzfett des Fettschwanzschafes (verbreitete in der türkischen und zentralasiatischen Küche)

куриное яйцо Hühnerei

куринский осётр Persischer Stör

куриные нагетсы Chicken Nuggets

куриный vom Huhn, Hühner-, Hühnchen-

курица Huhn

куркума Kurkuma

куропатка Rebhuhn

курочка Hühnerküken

курчавая грифола Klapperschwamm, Laubporling, Maitake (Pilz)

кус-кус Couscous

кусок/кусочек Stück(chen)

кутаб aserbaidschanisches Omelett, gefüllt mit Fleisch oder Kräutern

кутья süße Getreidespeise aus gekochtem Weizen, Honig, Nüssen und Rosinen

куурдак kaukasisches Eintopfgericht aus gebratenem Hammelfleisch und Leber

куфта Köfte (kräftig gewürzte Hackfleischbällchen aus Rind oder Lamm)

кушанье Gericht, Speise

куырдак kaukasisches Eintopfgericht aus gebratenem Hammelfleisch und Leber

кьебапи Cevapcici (gegrillte Hackfleischspießchen)

Кьянти Chianti

кюммель Kümmel (Schnapps)

кюфта-бозбаш aserbaidschanische Suppe aus Hammelfleischklößchen, Pflaumen und Reis

лабскаус Labskaus

лаваш Lavash (ungesäuertes Fladenbrot, in das häufig Fastfood gewickelt wird)

лавр Lorbeer

лаврак Wolfsbarsch

лавровый лист Lorbeerblatt

лагман Laghman, chinesische und zentralasiatische Suppe aus Fleisch, Gemüse und Nudeln

лазанья Lasagne

лайм Limette

лайси Litschi, Lychee

лакедра (желтохвостая) Gelbschwanzfisch

лакомство Leckerbissen

лакрица Lakritze

ламинария Seetang, Laminaria

ламна Heringshai, Kalbfisch

лангерманния гигантская Riesenbovist, Riesenstäubling (Pilz)

лангет In schmale Streifen geschnittenes Fleisch, meist Rindfleisch; Gericht aus diesen Fleischstreifen

лангуста, лангуст Languste

лапша Nudeln

лапша рисовая Reisnudeln

лапша стеклянная Glasnudeln

латвийский lettisch

латес Barramundi (barschartiger Fisch)

латте Caffe Latte

латук Lattich, Gartensalat

лёгкий leicht

лёгкое/лёгкие Lunge

лёгочная вёшенка Lungenseitling, Löffelförmiger Seitling, Austernseitling (Pilz)

лёд Eis

лекарственная мелисса Zitronenmelisse

лемонграсс Zitronengras

лепёшка Fladenbrot

лесная земляника Walderdbeere

лесной шампиньон Kleiner Waldchampignon, Kleiner Waldegerling

лесные ягоды Waldbeeren

летний опёнок gemeines Stockschwämmchen (Pilz)

летучая рыба Flugfisch

лещ Brachse (Fisch aus der Famile der Karpfen)

ливанский libanesisch

ливерная колбаса Leberwurst

лиджи Litschi, Lychee

ликёр Likör

ликёр яичный Eierlikör

лима Limette

лимон Zitrone

лимонад Limonade

лингвини Linguini (Pasta)

линь Schleie, Schlei (karpfenartiger Fisch)

липовый мёд Lindenblütenhonig

лиси Litschi, Lychee

лисичка Pfifferling

лист Blatt

лист виноградный Weinblatt

лиственничный маслёнок Gold-Röhrling, goldgelber Lärchenröhrling (Pilz)

листоватая дрожалка Blattartiger Zitterling, Rotbrauner Zitterling (Pilz)

листовая капуста Grünkohl

листовая свёкла Mangold

листовой салат Blattsalat

листовый чай Blatt-Tee, Tee in ganzen Blättern

литвийский litauisch

личи Litschi

лобиани Georgisches mit Bohnen gefülltes Gebäck

лобио Lobio (georgisches Bohnengericht aus roten Bohnen und Gewürzen)

логанова ягода Loganbeere

ложка Löffel

ложка столовая Suppenlöffel

ложка чайная Teelöffel

ложноопёнок серопластинчатый graublättriger oder rauchblättriger Schwefelkopf (Pilz)

ломоть Scheibe, Schnitte

ломтик (хлеба) Scheibe (Brot)

лонган Longane (Lychee-ähnliche Frucht)

лопатка Schulter

лопаточная часть Schulterstück vom Rind, Schaufel, Schweineschulter, Vorderschinken

лососёвая икра Roter Kaviar, Lachskaviar, eigentlich Lachsrogen

лосось Lachs

лосось дунайский Donaulachs, Huchen, Rotfisch

луговик Nelkenschwindling, Feldschwindling (Pilz)

луговой марасмиус Nelkenschwindling, Feldschwindling (Pilz)

луговой мёд Wiesenblumenhonig, Wiesenblütenhonig

луговой негниючник Nelkenschwindling, Feldschwindling (Pilz)

луговой опёнок Nelkenschwindling, Feldschwindling (Pilz)

лук зелёный Frühlingszwiebel

лук медвежий Bärlauch

лук репчатый Zwiebel, Knollenzwiebel

лук севок Zwiebel

лук скорода Schnittlauch

лук фри frittierte Zwiebelringe

лук-батун Winterzwiebel, Frühlingszwiebel

луковица Zwiebel

луковые кольца frittierte Zwiebelringe, Onion Rings (als Beilage)

луковый соус Zwiebelsoße

луковый суп Zwiebelsuppe

лук-порей Lauch, Porree

лук-татарка Winterzwiebel, Frühlingszwiebel

лук-шалот Schalotte

луфарь Blaufisch, Blaubarsch

лыска/ лысуха Blesshuhn

льняное семя Leinsamen

любисток Liebstöckel

любительская колбаса feine Brühwurst aus Rind- und Schweinefleisch und Speck

люля-кебаб am Spieß gegrillte Mischung aus Hackfleisch und Zwiebeln (selten auch vegetarisch aus Kartoffeln, Pilzen etc.)

ляжка Lende, Schenkel

мадера Madeira

майонез Mayonnaise

майоран Majoran

маис Mais

майская рядовка Mairitterling, Georgsritterling, Maipilz

мак Mohn

макадамия Macadamianuss

макароны Nudeln (alle Formen, nicht nur Makkaroni)

макароны по-флотски "Nudeln nach Art der Flotte", Nudeln mit Hackfleisch

маковой aus Mohn, Mohn-

макрел серая деликатеснаяь Escolar, Buttermakrele, Escolar-Schlangenmakrele

макрелещука атлантическая atlantischer Makrelenhecht

макрель Makrele

макрель золотая Dorade

малина/малиновый Himbeere

малокалорийный kalorienarm

манго Mango

мангольд Mangold

мандарин Mandarine

манная каша Grießgrütze, Grießbrei

манная крупа Grieß, Weizengrieß

манные клёцки Grießknödel

манный aus Grieß, Grieß-

манты Manti, in China, Zentralasien und der Türkei verbreitete Teigtäschchen mit Fleisch und Linsen, oft in Suppe serviert

манчего Manchego (spanischer Schafskäse)

маракуйя Maracuja, Passionsfrucht

мараскин(о) Maraschino (Fruchtlikör)

марасмиус луговой Nelkenschwindling, Feldschwindling (Pilz)

маргарина Margarine

марена Barbe, Flussbarbe, Pigge (Karpfenartiger Fisch)

маринованный mariniert, eingelegt

мармелад mit Zucker eingekochte Früchte, aber härter und in Form gepresst wie Geleefrüchte

марокканский marokanisch

Мартини Martini™

марципан Marzipan

маскарпоне Mascarpone

маслёнок Беллини Kleinsporiger Kiefern-Röhrling (Pilz)

маслёнок белый Elfenbein-Röhrling

маслёнок зернистый Körnchen-Röhrling, Schmerling (Pilz)

маслёнок лиственничный Gold-Röhrling, goldgelber Lärchenröhrling (Pilz)

маслёнок перечный Pfefferröhrling (Pilz)

маслёнок/маслята (Pl.) Röhrling, Butterpilz

маслина Olive

масло Öl, Butter

масло сафлоровое Distelöl

масло оливковое/оливкое Olivenöl

масло подсолнечное Sonnenblumenöl

масло растительное Pflanzenöl

масло топлёное Butterschmalz

масляная коллибия Butterrübling, Horngrauer Rübling (Pilz)

масляная рыба Escolar, Buttermakrele, Escolar-Schlangenmakrele

масляный Fett-, Öl-

маффин Muffin

мацони georgischer Joghurt

мацутакэ Matsutake (Pilz)

маш Mungobohnen

мёд Honig

мёд акациевый Akazienhonig

мёд банный Seimhonig

мёд бортевой Waldhonig

мёд васильковый Kornblumenhonig

мёд вересковый Heidekrauthonig

мёд гречишный Buchweizenhonig

мёд дикий wilder Honig

мёд диких пчел wilder Honig

мёд жидкотекучий flüssiger Honig

мёд искусственный Kunsthonig

мед кипрейный Weidenröschenhonig

мёд клеверный Kleehonig

мёд липовый Lindenblütenhonig

мёд луговой Wiesenblumenhonig, Wiesenblütenhonig

мёд натуральный Bienenhonig, echter Honig

мёд падевый Waldhonig

мед подсолнечниковый Sonnenblumenhonig

мёд пчелиный Bienenhonig

мёд сотовый Wabenhonig

мёд цветочный Blütenhonig

медальон Medaillon

медвежий лук Bärlauch

медовая дыня Honigmelone

медовуха alkoholhaltiges Getränk aus Früchten und Honig

мелисса аптечная/ лекарственная Zitronenmelisse

мелкая тарелка flacher Teller, Fleischteller

меню Speisekarte

мерлан / мерланг Merlan, Wittling (Fisch aus der Familie der Dorsche)

Мерло Merlot

мерлуза Seehecht

меченос Schwertfisch

меч-рыба Schwertfisch

мидия Miesmuschel

миланская капуста Wirsing

Мимоза салат Schichtsalat, meist mit Fisch, Käse und Kartoffeln

миндаль/миндальный Mandel

минеральная вода Mineralwasser

минога Neunauge, Lamprete (fischähnliches Wirbeltier)

минтай pazifischer Pollack, Alaska-Seelachs

мирабель Mirabelle

мирин Mirin, süßer Reiswein

мисо japanische Paste, haupsächlich aus Sojabohnen

мл Milliliter

млечник Milchling (Pilz)

млечник бурый Mohrenkopf-Milchling, Schornsteinfeger (Pilz)

млечник голубой Indigo-Reizker (Pilz)

можжевельниковая ягода Wacholderbeere

мозг костный Knochenmark

мозги Hirn

мойва Lodde, Kapelan, Capelin (Fisch)

мокка, мокко Mokka (in Russland oft eine Mischung aus Espresso und heißer Schokolade)

мокруха Schmierling (Pilz)

мокруха еловая großer Schmierling (Pilz)

мокрый груздь Wimpern-Milchling (Pilz), wird in Russland häufig eingelegt

молдавский moldawisch

моллюск Weichtier, Mollusk, Muschel

молодой jung

молоко Milch

молоко кокосовое Kokosmilch

молоко порошковое Milchpulver

молоко сгущённое dicke Kondensmilch, wird in Dosen verkauft und als Süßigkeit verwendet, erhältlich auch mit Geschmacksrichtungen wie Schokolade etc.

молоко снятое Magermilch

молотый gemahlen

молочай Wolliger Milchling, Erdschieber, Samtiger Milchling, Mildmilchender Wollschwamm (Pilz)

молочный Milch-

молочный коктейль Milchshake

молочный подскрёбыш Wolliger Milchling, Erdschieber, Samtiger Milchling, Mildmilchender Wollschwamm (Pilz)

молочный поросёнок Spanferkel, Ferkel

молочный суп Milchsuppe

молочный теленёк Milchkalb

мольва Leng, Lengfisch

морепродукты Meeresfrüchte

морковь корейская Salat aus fein geschnittenen Möhren

морковь/морковный Möhre, Karotte

мороженое Eis

морс Mors (Getränk aus roten Früchtchen, meist Beeren)

морская камбала Scholle, Goldbutt

морская капуста Seetang, Laminaria

морская соль Meersalz

морская щука Leng, Lengfisch

морское ушко Seeohr, Abalone

морской воробей Seehase, Lumpfisch

морской гребешок Kammmuscheln (z.B. Jakobsmuschel)

морской окунь Rotbarsch

морской пёс Katzenhai

морской петух Knurrhahn (Fisch)

морской чёрт Seeteufel, Anglerfisch

морской язык Seezunge

московская колбаса geräucherte und gebrühte Wurst aus Rind- und Schweinfleisch und Speck (50%), Aussehen rot mit weißen Speckstückchen

мохито Mojito (Cocktail aus Rum, Zucker, Eis und frischer Minzer)

моховик жёлтомясый Rotfußröhrling, Rotfüßchen (Pilz)

моховик зелёный Ziegenlippe (Pilz aus der Gattung
der Filzröhrlinge)

моховик каштановый
Maronenröhrling, Braun-
kappe (Pilz)

**моховик пёстрый/
моховик трещиноватый**
Rotfußröhrling, Rotfüß-
chen (Pilz)

моцарелла Mozzarella

моченый eingelegt, ein-
geweicht

мраморный marmoriert
(bei Fleisch: mit feinen
Fettschichten)

мука Mehl

муксун Muksun (lachsähn-
licher Fisch)

мускат Muskat

мускатный орех Muskatnuss

мусс Mousse

мутабаль Mutabal (Paste
oder Dip aus pürierten
Auberginen und Gewür-
zen, in manchen Restau-
rants auch Vorspeise aus
gegrillten Auberginen)

муфлон Mufflon (Wild-
schaf)

мухомор кесарев Kaiserling, Kaiserpilz, Orange-
gelber Wulstling

мухомор серо-розовый
Perlpilz, Rötender
Wulstling

мухомор толстый grauer
Wulstling (Pilz)

мухомор Цезаря Kaiserling, Kaiserpilz, Orange-
gelber Wulstling

мюнхенская сосиска
Weißwurst

мюсли Müsli

мягкий weich

мягкий сыр Weichkäse

мякоть Fruchtfleisch, wei-
ches Fleisch

мясо Fleisch

мясо по-казахски Eintopf
aus gekochtem Hammel
(traditionell das ganze
Tier, inklusive Kopf und
Innereien) und
mitgekochten Teigstücken
(vergleichbar mit über-
großen Nudeln), traditio-
nell wird das Gericht in
einer großen Schüssel
serviert und mit den Fin-
gern gegessen

мясо сладкое Bries, Milch-
fleisch, Milken (Innereien,
Thymus von Kalb oder
Lamm)

мясо тушёное gekochtes
Fleisch in Konservendosen

мята Minze

мята перечная Pfefferminze

мятный aus Minze, Minz-

на auf

на гриле vom Grill, gegrillt

на мангале vom Grill,
gegrillt

на пару dampfgegart,
gedämpft

на углях auf Kohlen, über
Kohle gegrillt

навага Navaga, Komai-
Fisch (Meereschfisch aus
der Familie der Dorsche)

наггетсы Nuggets

наливка Likör (meist aus
Früchten)

налим Quappe, Trische,
Rutte, Aalraute (dorschar-
tiger Fisch)

напиток Getränk

напиток энергетический
Energy Drink

наполнитель Füllung

наршараб/нашараби
kaukasische Granatapfel-
soße

настой Ansatz, Aufguss

настойка Likör, Schnapps

настоящий груздь Wim-
pern-Milchling (Pilz), wird
in Russland häufig einge-
legt

настоящий опёнок ge-
meiner oder goldgelber
Hallimasch, Stuppling
(Pilz)

настурция Kresse

натрий Natrium

натуральный мёд Bie-
nenhonig, echter Honig

нахат Kichererbse

начинённый gefüllt

начинка Füllung

начо Nacho

Неббиоло Nebbiolo (italienische Rotwein-
Rebsorte)

невызревший сыр Frischkäse

негазированная вода
stilles Wasser

негниючник луговой
Nelkenschwindling, Feld-
schwindling (Pilz)

недерланский niederlän-
disch

нежный zart, mürbe,
weich

нектар Nektar

нектарина Nektarine

нельма Weißlachs

немецкий deutsch

неочищенный рис brauner Reis, ungeschälter Reis

нерка красная Rotlachs

нефильтрованный ungefiltert, trüb

нешлифованный рис brauner Reis, ungeschälter Reis

новозеландский neuseeländisch

ноготница Dornhai, Steinlachs

нож Messer

ножка Fuß

норвежский norwegisch

нуга Nougat

нут Kichererbse

ньокки Gnocchi

обабок дубовый Eichenrotkappe (Pilz)

обед Mittagessen

обжаренный geröstet

Обжорка салат Salat aus gekochtem Hühnchen, Möhren und anderem Gemüse

облепиха Sanddorn

объём Volumen, Inhalt

обыкновенный боб Ackerbohne, Saubohne, Favabohne

обыкновенный голец Bachschmerle, Bartgrundel

обыкновенный дубовик Netzstieliger Hexenröhrling (Pilz aus der Familie der Dickröhrlinge)

обыкновенный солнечник Petersfisch, Heringskönig, Martinsfisch

обыкновенный таймень Taimen (Lachsartiger Süßwasserfisch)

овёс Hafer

овечий vom Schaf, Schafs-

овощи Gemüse

овощи гриль gegrilltes Gemüse

овощи солёные eingelegtes Gemüse

овощное соте Gemüse Sauté, kurz angebratenes Gemüse

овсяная каша Hafergrütze, Haferschleim

овсяная крупа Hafer

овсянка Haferflocken

овца Schaf

огузок Oberschale vom Rind

огурец Gurke

огуречник Borretsch, Gurkenkraut

оковалок Roastbeef, Bauchlappen, Hüfte (Rind)

окорок Schinken, Keule

окра Okra, Okraschote

окрошка Okroschka (kalte Suppe aus Kwass, Sauerrahm, Butter oder Kefir, Wurst, gekochtem Ei, Kartoffeln und Gurke)

окунь Barsch

окунь золотистый (морской) Goldbarsch, Rotbarsch

окунь морской Rotbarsch

окунь речной/ обыкновенный/ европейский Flussbarsch, Kretzer, Egli

оладьи Oladi (dickerer kleiner Pfannkuchen aus Buttermilch, Ei, Backpulver und Mehl)

оленина Hirschfleisch

олень Rentier

оливки / оливкий Oliven, Oliven-

оливково-бурый дубовик Netzstieliger Hexenröhrling (Pilz aus der Familie der Dickröhrlinge)

оливковое масло Olivenöl

оливково-чёрный груздь Tannenreizker, olivbrauner Milchling (Pilz)

оливкое масло Olivenöl

Оливье салат Salat Olivier, auch Russischer Salat (aus gekochten Kartoffeln und Eiern, Salzgurken, Erbsen, gekochtem Fleisch oder Fleischwurst)

омар Hummer

омлет Omelette

омуль (байкальский) Omul, Baikal-Omul (lachsartiger Knochenfisch)

опёнок Hallimasch, Becherschwamm, Honigpilz

опёнок зимний gemeiner Samtfußrübling, Enoki (Pilz)

опёнок летний gemeines Stockschwämmchen (Pilz)

опёнок луговой Nelkenschwindling, Feldschwindling (Pilz)

опёнок настоящий/
опёнок осенний gemeiner oder goldgelber Hallimasch, Stuppling (Pilz)

опёнок тёмный dunkler Hallimasch (Pilz)

опяты (Plural) Hallimasch, Becherschwamm, Honigpilz

оранжевая дрожалка goldgelber Zitterling (Pilz)

орех Nuss

орех австралийский Macadamianuss

орех американский/орех бразильский Paranuss

орех грецкий Walnuss

орех земляной Erdnuss

орех кокосовый Kokosnuss

орех южный Paranuss

ориган Oregano

осветленный klar

осенний опёнок gemeiner oder goldgelber Hallimasch, Stuppling (Pilz)

осетинский пирог großes flaches Fladenbrot, gefüllt mit Fleisch, seltener mit Gemüse oder Käse

осётр Stör

осётр амурский Amur Stör

осётр атлантический Europäischer Stör, Baltischer Stör

осётр куринский/
персидский Persischer Stör

осётр сахалинский Sachalin-Stör

осётр сибирский Sibirischer Stör

осётр южнокаспийский Persischer Stör

осётр Каспийский/
Русский Russischer Stör, Ossietra-Stör, Waxdick

осетрина Störfleisch

осетровая икра Schwarzer Kaviar vom Stör

осетровый бок Störfleischstreifen, meist kalt geräuchert

осиновый груздь rosascheckiger Milchling

острый scharf

осьминог Krake

отбивная Schnitzel, Kotelett

отбитый geklopft

отварной gekocht

отваруха Birkenreizger, Birken-Milchling, Zottiger Relzger (Pilz)

отечественный einhei-
  misch
официант Kellner, Ober
охлажденный gekühlt
очищенный geputzt, ge-
  reinigt, geschält
пагр золотистый Meer-
  brasse
падевый мёд Waldhonig
падь Waldhonig
пажитник Bockshornklee
палитра Platte
палочка Stange, Stiel
палочки крабовые Stäbchen aus Krebsfleischimitat
палтус Heilbutt
пампельмус Pampelmuse
пангасиус Pangasius
панировка Panade
панировочные сухари
  Paniermehl
панский гриб Maronen-
  röhrling, Braunkappe
паприка Paprika
пареный gedämpft
пармезан Parmesan
паста Pasta, Paste
пастбищный боровик
  Rotfußröhrling, Rotfüß-
  chen (Pilz)

**пастеризированный/
пастеризованный** pas-
  teurisiert
пастернак Pastinake
пастила Süßigkeit aus
  getrocknetem
  Fruchtpürree
пастис Pastis (französische
  Anisspirtuose)
пасха wie eine Pyramide
  geformte Süßspeise aus
  Quark, Sahne, Butter, Zucker und Eiern, wird traditionell an Ostern gegessen
патисон Patisson (Unterart
  des Kürbis)
паутинник браслетчатый
  geschmückter Gürtelfuß
  (Pilz)
пахлава Baklava (Gebäck
  aus Blätterteig und Nüssen)
пахта Buttermilch
пачка Päckchen
пашина Knochendünnung,
  Bauchlappen (beim Rind)
паштет Pastete
паюсная икра gepresster
  Kaviar, Presskaviar (mit
  zerdrückten Kaviarkör-
  nern)
пельмени Pelmeni (Teigtaschen mit Fleischfüllung)

пельмени сибирские sibirische Pelmeni (etwas kleiner als andere Pelmeni)

пелядь Peledmaräne (Süßwasserfisch aus der Familie der Lachse)

пена Schaum

пенне Penne (Pasta)

пепельница Aschenbecher

пеперони Peperoni

первач selbstgebrannter Vodka, meist sehr stark

перемяч tatarisches runde Fleischtaschen

перепел/перепелка Wachtel

перепелиное яйцо Wachtelei

перец Pfeffer

перец болгарский/ сладкий/стручковый Gemüsepaprika

перечная мята Pfefferminze

перечный aus/mit Pfeffer

перечный гриб/ маслёнок Pfefferröhrling (Pilz)

перловая каша Graupengrütze

перловая крупа Graupen

персидский осётр Persischer Stör

персик/персиковый Pfirsich

перуанский анчоус peruanische Sardelle

перцемолка Pfeffermühle

перцовка starkes alkoholisches Getränk mit Pfeffer

перчик Chilischote

пёс морской Katzenhai

пескарь Gründling (Karpfenfisch)

песок сахарный Zucker

песто Pesto

пёстрый ежовик Habichtspilz, Rehpilz

пёстрый моховик Rotfußröhrling, Rotfüßchen (Pilz)

петрушка Petersilie

петух морской Knurrhahn (Fisch)

печёнка/печёночный Leber

печёный gebacken

печень Leber

печенье Gebäck

печерица Champignon

печь Ofen

пиво бочковое Bier vom Fass

пиво бутылочное Flaschenbier

пиво нефильтрованное trübes Bier, ähnlich Weizen/Weißbier

пиво разливное Bier vom Fass

пикантный pikant

пикули fein geschnittenes Gemüse, das in Essig gekocht wurde, gleichzeitig Soße und Beilage, auch kalt ähnlich Mixed Pickles

пикша Schellfisch

пимент Piment

пинагор Seehase, Lumpfisch

пиния Pinienkern

Пино нуар Spätburgunder, Pinot Noir

пир Festmahl, Gelage

пирог süß oder herzhaft gefüllte Pastete

пирог осетинский großes flaches Fladenbrot, gefüllt mit Fleisch, seltener mit Gemüse oder Käse

пирожное Kuchen, Törtchen

пирожок kleine Pastete

пити aserbaidschanische Suppe aus Hammelfleisch, Kastanien, Kichererbsen und anderem Gemüse

пицца Pizza

пищевая сыроежка fleischroter Speise-Täubling (Pilz)

пищевая ценность Nährwerte

плавленый сыр Schmelzkäse

плетёнка Zopf, Zopfbrötchen

плечевая часть Schulterstück vom Rind, Bug

плов Plov, Pilaw, Eintopf aus überwiegend Reis, Gemüse (meist Möhren und Zwiebel) und Fleisch (meist Hammel oder Geflügel)

плод Frucht

плод хлебного дерева Brotfrucht

пломбир Sahneeis abgepackt in einer Waffel

плотва китайская schwarzer Amur, schwarzer Graskarpfen

плотва сибирская Rotauge, Plötze, Schwal (Fisch aus der Famile der Karpfen)

плюшка süßes Gebäck in Schneckenform

повидло Marmelade, Konfitüre, Mus

подается serviert mit...

подберёзовик Birkenpilz, Birkenröhrling, Kapuziner, Geisspilz

подберёзовик болотный Moor-Birkenpilz

подвишенник Mehl-Räsling, Mehlpilz

подгруздок белый gemeiner Weiß-Täubling, breitblättriger Weiß-Täubling (Pilz)

подгруздок чернеющий dickblättriger Schwärz-Täubling (Pilz)

подгруздок чёрный Rauchbrauner Schwärz-Täubling, Brandtäubling (Pilz)

поддубник Netzstieliger Hexenröhrling (Pilz aus der Familie der Dickröhrlinge)

поддубовиковый боровик Flockenstieliger Hexenröhrling, Tannen-, Schuster-, Donnerpilz, Zigeuner

поджарка Gericht aus Geröstetem, meist Fleisch

подкогыльо halbmond-förmige gefüllte Teigtaschen (üblicherweise mit Fleisch, Quark oder Kartoffeln)

подкопченный geräuchert

подлещик junge Brachse (Fisch aus der Famile der Karpfen)

подогнутая говорушка Mönchskopf (Pilz)

подольшаник Erlengrübling (Pilz)

по-домашнему nach Hausmacher Art

подосиновик Raufußröhrling, Raufuß, Raustielröhrling

подосиновик жёлто-бурый Birkenrotkappe, Heidenrotkappe, Schwarzschuppige Rotkappe (Pilz)

подосиновик красный Espenrotkappe, Rothaut-Röhrling (Pilz)

подскрёбыш молочный Wolliger Milchling, Erdschieber, Samtiger Milchling, Mildmilchender Wollschwamm (Pilz)

подсолнечниковый мед Sonnenblumenhonig

подсолнечное масло Sonnenblumenöl

подсухарь Wolliger Milchling, Erdschieber, Samtiger Milchling, Mildmilchender Wollschwamm (Pilz)

подушка Kissen

по-итальянский auf italienische Art (kann mit allen Ländern gebildet werden)

полба Dinkel

полтавская колбаса leichtgeräucherte Wurst aus Rind- und Schweinefleisch, ähnlich einer groben Salami

полусладкий halbsüß

полусухой halbtrocken

полутвёрдый halbhart, halbfest

полынь Beifuß

польский гриб Maronenröhrling, Braunkappe

полярная акула Grönlandhai, Eishai

полярная треска Polardorsch

помело Pampelmuse

помидор Tomate

помидор древесный Tamarillo, Baumtomate

помидоры черри Cherry-Tomaten

по-московски Moskauer Art

понлевек Pont-l'Eveque (Käse)

пончик Donut

пончик Берлинский Krapfen, Berliner, Pfannkuchen

попарделли Papardelle (Bandnudeln)

порей Lauch

поросёнок Ferkel

поросёнок молочный Spanferkel, Ferkel, das noch gesäugt wird

порошковое молоко Milchpulver

портабело Portobello-Pilz

портвейн Portwein

портерхаус-стейк Porterhouse-Steak (großes Roastbeefsteak mit Knochen)

портулак Portulak, Gemüse-Portulak (Gewürz bzw. Gemüse)

порфиреллус красноспоровый/ порфировик düsterer Röhrling, Porphyrröhrling (Pilz)

порция Portion

постный Fasten- (in der orthodoxen Kirche ohne tierische Erzeugnisse), mager

потрошеный ausgenommen, ausgeschlachtet

потрошки Innereien

похлёбка Suppe (meist Gemüsesuppe)

почка Niere

почти прожаренное halb durch

поясничная часть Schweinelende

правский груздь Wimpern-Milchling (Pilz), wird in Russland häufig eingelegt

Прага торт Schokoladentorte

пресный fade, ungesalzen, ungesäuert

приправа Würzmittel, Gewürz, Gewürzmischung

приятного аппетита Guten Appetit

прованский à la Provence, Provence-Art

провисший abgehangen (Fleisch, Schinken)

продукты Lebensmittel

прожаренный durchgebraten

производитель Hersteller

пропаренный рис vorgekochter Reis

просо Hirse

простокваша Dickmilch, Sauermilch, Stockmilch

протеин Eiweiß

пряник Lebkuchen

пряность Würze, Gewürzkorn

пряные трава Gewürzkräuter

пряный würzig

птица Geflügel, Vogel

птичье молоко Vogelmilch, Konfekt aus Schaumzucker überzogen mit einer kakaohaltigen Fettglasur

пудинг Pudding

пудра сахарная Puderzucker

пузырник Kichererbse

пулярка Masthuhn, Poularde

пумперникель Pumpernickel

пунш Punsch

путассу Blauer Wittling (Fisch aus der Familie der Dorsche)

пчелиный мёд Bienenhonig

пшеница/пшеничный Weizen

пшённая каша Hirsebrei

пшено/пшённый Hirse

пышки Donut

пюре Püree, Mus

равиоли Ravioli

рагу Ragout

рагу ирландское Irish stew

радиккьо Radicchio

радичо Radicchio-Salat

радиччио Radicchio

радужная форель Regenbogenforelle

разносолы Verschiedene in Salz eingelegte Gemüsesorten, auch: Delikatessen

разрыхлитель Triebmittel, Backtriebmittel, Backpulver

рак Krebs

раклет Raclettekäse

раковые шейки Krebsfleisch

ракушки Conchiglie Rigate (Pasta)

раки Raki

ранний гигрофор Märzschneckling, Schneepilz

рассол Lake, Pökel, Salzlake

рассольник Fleisch- oder Fischsuppe mit Salzgurken

расстегай Längliches oft herzhaft gefülltes Gebäck

рассыпчатый krümelig, bröckelig, mürbe

растворимый Instant, wasserlöslich

растительное масло Pflanzenöl

рататуй Ratatouille

рафинад Würfelzucker

ребро Rippe

рёбрышки Rippchen

ревень Rhabarber

редис, редиска Radieschen

редька Rettich

резаный geschnitten

резинка жевательная Kaugummi

репа Rübe, Munkelrübe

репчатый лук Knollenzwiebel

речной окунь Flussbarsch, Kretzer, Egli

ржаной aus Roggen, Roggen-

ржаной хлеб Roggenbrot

рибай Ribeye Steak

риб-стейк Rib Steak (aus der Hochrippe)

Рижский хлеб Mischbrot (Weizen und Roggen) mit Honig und Kümmel

ризотто Risotto

рикотта Ricotta

римский салат Römersalat, Romana-Salat

рипус kleine Maräne, Zwergmaräne, Kaisermaräne (Lachsartiger Süßwasserfisch)

рис Reis

рис басмати Basmatireis

рис круглозерный Rundkornreis

рис неочищенный/ рис нешлифованный brauner Reis, ungeschälter Reis

рис пропаренный vorgekochter Reis

Рислинг Riesling

рисовая каша Reisgrütze, Mllchreis (wenn mit Milch)

рисовая лапша Reisnudeln

ристретто Ristretto (extra starker Espresso mit weniger Wasser)

рогалик Hörnchen

рогатик золотистый goldgelbe Koralle, Ziegenbart (Pilz)

рогульник плавающий Wassernuss, Wasserkastanie

рожки Rigatoni (Pasta)

рожок Hörnchen

рожь Roggen

розмарин Rosmarin

розовая волнушка Birkenreizger, Birken-Milchling, Zottiger Reizger (Pilz)

ройбуш Roibusch

рокфор Roquefort (Käse)

ролл Röllchen, gefüllte Rolle, selten Brötchen

ром Rum

романо Römersalat, Romana-Salat

ромашка Kamille

ромб большой Steinbutt

ромб гладкий Glattbutt, Kleist

ромейн/ромэйн/ромэн Römersalat, Romana-Salat

российский russisch

Российский сыр halbfester gelber Schnittkäse aus Kuhmilch, erinnert an Tilsiter

ростбиф Roastbeef

ростки Keime, Sprosse, Triebe

ростки сои Sojasprossen

ротини Rotini (Pasta)

рубец Kaldaune

рубленый gehackt

рувета Ölfisch, Butterfisch

рукола Rucola

рулет Roulade (Kuchen), Strudel

рулетики из ветчины Schinkenröllchen

рулька Eisbein, Haxe, Bötel

румынский rumänisch

русский russisch

русский боб Ackerbohne, Saubohne, Favabohne

русский осётр Russischer Stör, Ossietra-Stör, Waxdick

русский чай "Russischer Tee/koptischer Tee" aus Blättern des schmalblättrigen Weidenröschens

рыба Fisch

рыба заливная Fisch in Aspik

рыба масляная Escolar, Buttermakrele, Escolar-Schlangenmakrele

рыба-масло Ölfisch, Butterfisch

рыбец Zährte, Rußnase (karpfenartiger Fisch)

рыжик (настоящий) Edel-Reizker, Echter Reizker (Pilz aus der Gattung der Milchlinge)

рыжик еловый Fichten-Reizker (Pilz)

рюмка Glas mit Stiel, z. B. für Vodka oder Cognac

рябина черноплодная Apfelbeere

рябчик Haselhuhn

рядовка Ritterling (Pilz)

рядовка землистая Erdritterling (Pilz)

рядовка майская Mairitterling, Georgsritterling, Maipilz

ряженка Sauermilchgetränk

ряпушка европейская kleine Maräne, Zwergmaräne, Kaisermaräne (Lachsartiger Süßwasserfisch)

с mit

с газом mit Kohlensäure

с кровью blutig, englisch

савойская капуста Wirsing

садовый боб Ackerbohne, Saubohne, Favabohne

садовый салат Kresse

сазан Karpfen, Flussgründling, Schuppenkarpfen

сайда Köhler, Polardorsch, Seelachs

сайка Polardorsch

сайра Makrelenhecht, Trughecht

сайра атлантическая atlantischer Makrelenhecht

саке Sake, Reiswein

салака Strömling (Heringsartiger Fisch)

салат Salat

салат Аида Aidasalat (üblicherweise aus Kohl, Tomaten, Eiern und Paprika)

салат Астория Astoriasalat (Salat aus Zunge, Gurken, Möhren und Eiern)

салат греческий Griechischer Salat (meist aus Gurken, Tomaten, Oliven und Fetakäse)

салат дачный "Datscha-Salat" mit Gurken, Radieschen und anderem Gemüse

салат камчатский Kamtschatkasalat (mit Fisch, Krabbenfleisch oder Krabben)

салат листовой Blattsalat

салат микс gemischter Salat

салат Мимоза Schichtsalat, meist mit Fisch, Käse und Kartoffeln

салат Обжорка Salat aus gekochtem Hühnchen, Möhren und anderem Gemüse

салат Оливье Salat Olivier, auch Russischer Salat (aus gekochten Kartoffeln und Eiern, Salzgurken, Erbsen, gekochtem Fleisch oder Fleischwurst)

салат римский/ ромейн/ромэйн Römersalat, Romana-Salat

салат садовый Kresse

салат столичный Salat Olivier, auch Russischer Salat (aus gekochten Kartoffeln und Eiern, Salzgurken, Erbsen, gekochtem Fleisch oder Fleischwurst)

салат сырный Salat aus Käsestückchen und Majonäse

салат Цезарь Ceasar Salad (Salat aus Römersalat, Croutons und Parmesan, oft mit Hähnchenstreifen)

салатный цикорий Endiviensalat

сало Fett, Speck, Schmalz

сало курдючное Schwanzfett des Fettschwanzschafes (verbreitet in der türkischen und zentralasiatischen Küche)

салфетка Serviette

сальса Salsa

салями Salami

самбуски Sambuski (Teigaschen in der orientalischen Küche, gefüllt mit Fleisch oder Gemüse)

самовар Samowar

самогон selbstgebrannter Schnapps, Hausbranntwein

самообслуживание Selbstbedienung

сандвич Sandwich

саргуль sibirischer Räucherkäse

сарделки Würstchen aus Rindfleisch oder Schweinefleisch

сардина Sardine

сафлоровое масло Distelöl

сахалинский осётр Sachalin-Stör

сахар тростниковый Rohrzucker

сахар-кандис Kandiszucker

сахарная вата Zuckerwatte

сахарная пудра Puderzucker

сахарный песок Zucker

сахар-рафинад Würfelzucker

сацебели georgische Soße aus Walnüssen, Fruchtsaft, Knoblauch und Gewürzen

сашими Sashimi (sehr fein geschnittener roher Fisch oder Meeresfrüchte)

сбитень meist alkoholfreies Heißgetränk aus Wasser, Honig und Gewürzen (Pfefferminze, Nelken, Zimt o.ä.)

свежевыжатый frischgepresst

свежий frisch

свёкла Rote Beete

свёкла листовая Mangold

свекольник kalte russische Suppe aus roter Bete, Eiern, Gurken und Lauch

светло-жёлтая сыроежка Gelber Graustiel-Täubling (Pilz)

светлый hell

свинина Schweinefleisch

свиной Schweine-, Schweins-

свинур/ свинушка Stink-Täubling (Pilz)

свинья Schwein

сгущённое молоко dicke Kondensmilch, wird in Dosen verkauft und als Süßigkeit verwendet, erhältlich auch mit Geschmacksrichtungen wie Schokolade etc.

сгущённый Kondens-

севрюга Sevruga-Stör, Sternhausen, Scherg

севрюжья икра Kaviar vom Sevruga-Stör, im Verkauf gekennzeichnet durch einen orangen oder roten Deckel

сезам Sesam

Секс на пляже Sex on the beach (Cocktail)

селёдка под шубой kaltes Gericht aus Hering, Zwiebeln, roter Beete, Möhren und Kartoffeln

селёдочка Hering

селедочная шуба kaltes Gericht aus Hering, Zwiebeln, roter Beete, Möhren und Kartoffeln

сельдевая акула Heringshai, Kalbfisch

сельдерей/ сельдереевый Sellerie

сельдь Hering

сельдь балтийская Strömling (Heringsartiger Fisch)

сельдь под шубой kaltes Gericht aus Hering, Zwiebeln, roter Beete, Möhren und Kartoffeln

сёмга Lachs

семя Samen, Korn

серая деликатесная макрель Escolar, Buttermakrele, Escolar-Schlangenmakrele

сербский serbisch

сервелат Cervelatwurst

сервируется serviert ...

сердце Herz

серопластинчатый ложноопёнок graublättriger oder rauchblättriger Schwefelkopf (Pilz)

серо-розовый мухомор Perlpilz, Rötender Wulstling

серый горбыль Adlerfisch

сибасс Seehecht

сибирская плотва Rotauge, Plötze, Schwal (Fisch aus der Famile der Karpfen)

сибирские пельмени sibirische Pelmeni (etwas kleiner als andere Pelmeni)

сибирский осётр Sibirischer Stör

сиг Renkel, Felche, Schnäpel, Maräne (lachsartiger Fisch)

сигареты Zigaretten

сидр Apfelwein, Cidre, Cider

синеватая сыроежка Blaugrüner Reiftäubling (Pilz)

сине-жёлтая сыроежка Frauen-Täubling (Pilz)

синеющий гиропорус Kornblumen-Röhrling (Pilz)

синяк Flockenstieliger Hexenröhrling, Tannen-, Schuster-, Donnerpilz, Zigeuner

Сира Syrah, Shiraz (rote Rebsorte v.a. in Frankreich und Australien)

сирлоин-стейк Sirloin-Steak (aus dem Rumpsteak)

сироп Sirup

сироп кленовый Ahornsirup

скирт-стейк Skirtsteak (aus dem Zwerchfell)

сковорода Pfanne

скрипица/скрипун/ скрипуха Wolliger Milchling, Erdschieber, Samtiger Milchling, Mildmilchender Wollschwamm (Pilz)

скумбрия (атлантическая) Makrele

слабой прожарки medium, rosa

слабосолёный leichtgesalzen

сладкая вата Zuckerwatte

сладкий süß

сладкий картофель Süßkartoffel, Batate

сладкий перец Paprika

сладкое мясо Bries, Milchfleisch, Milken (Innereien, Thymus von Kalb oder Lamm)

слива Pflaume

сливки Sahne

сливки взбитые Schlagsahne

сливовый aus Pflaumen, Pflaumen-

сливочное масло Butter

сливочный Sahne-

слизистоголовая вольвариелла großer Scheidling, Ackerscheidling (Pilz)

словацкий slowakisch

словенский slowenisch

слоеное тесто Blätterteig

слоёный Schicht-

слойка gefülltes Blätterteiggebäck (süß oder herzhaft)

смалец Schmalz

сметана Smetana, Sauerrahm, Dickrahm

смоква Feige

смородина красная rote Johannisbeere

смородина чёрная schwarze Johannisbeere

смородина/смородиновый Johannisbeere

сморчок Morchel (Pilz)

снятое молоко Magermilch

содавая (вода) Soda

соевые бобы Sojabohnen

соевый соус Sojasoße

сок Saft

солёные грибы eingelegte Pilze

солёные овощи eingelegtes Gemüse

соленые огурцы Salzgurken, Essiggurken

соленья in Salz eingelegtes

солнечник обыкновенный/ японский Petersfisch, Heringskönig, Martinsfisch

солод Malz

соломенный гриб dunkelstreifiger Scheidling, schwarzstreifiger Scheidling, Strohpilz, Reisstrohpilz

соломинка Strohhalm

соль Salz

соль морская Meersalz

солянка Soljanka (Suppe/Eintopf mit sauer eingelegtem Gemüse)

сом Wels

сом электрический Zitterwels

сорбэ Sorbet

сорога Rotauge, Plötze, Schwal (Fisch aus der Famile der Karpfen)

сосиска в тесте Würstchen im Schlafrock

сосиска венская Wiener Würstchen

сосиска дебреценская Debreziner Würstchen

сосиска мюнхенская Weißwurst

сосиски Würstchen

состав Zusammensetzung, Zutaten

соте Sauté, kurz Angebratenes

сотовый мёд Wabenhonig

соус беарнский Sauce béarnaise

соус ворчестерширский/ вустерский Worcester Sauce

соус голландский Sauce hollandaise

соус дижон Soße aus Dijon-Senf

соус камберленд/ кумберленд Cumberland sauce (pikante Soße aus Johannisbeergelee, Portwein und Gewürzen)

соус луковый Zwiebelsoße

соус соевый Sojasoße

соус цезарь Ceasar Salad Dressing (Salatsoße mit Öl, Ei, Knoblauch, Parmesan etc.)

сочиво süße Getreidespeise aus gekochtem Weizen, Honig, Nüssen und Rosinen

сочный saftig

соя Soja

спагетти Spaghetti

спар золотистый Dorade, Goldbrasse

спаржа Spargel

спаржевая капуста Brokkoli

спарус Dorade, Goldbrasse

спелый reif, gereift

специи Gewürze

спинная часть Fehlrippe (Rind), Rippe (Schwein)

спринг ролл Frühlingsrolle

срасиное яйцо Straußenei

средней прожарки halb durch

срок годности … дня/месяц(а)/года, лет с даты производства Haltbarkeitsdauer in Tagen, Monaten oder Jahren ab Datum der Herstellung (auf der Verpackung)

ставрида Stöcker, Bastardmakrele, Holzmakrele

стакан Glas, Trinkglas

стебель сельдерея Stangensellerie

стейк Steak

стеклянная лапша Glasnudeln

степная вёшенка Kräuterseitling (Pilz)

стерлядь Sterlet (Fisch aus der Familie der Störe)

стилтон Stilton (englischer Schimmelkäse)

столичный салат Salat Olivier, auch Russischer Salat (aus gekochten Kartoffeln und Eiern, Salzgurken, Erbsen, gekochtem Fleisch oder Fleischwurst)

столовая ложка Esslöffel, Suppenlöffel

стопка Schnappsglas mit höchstens 100ml Inhalt

страус Strauß

стриплоин Filetsteak

стручковая фасоль Brechbohnen

стручковый перец Paprika

студень Sulz, Sülze, Aspik

судак Zander, Schill, Hechtbarsch

судак волжский Wolgazander, Berschik, Steinschill

суджук Sucuk (türkische Rohwurst aus Rind- oder Kalbfleisch)

сулгуни, сулугуни georgischer salziger Weichkäse

суп дня Tagessuppe

суп луковый Zwiebelsuppe

суп мисо Misosuppe (japanische Suppe aus Sojabohnenpaste, Fischsud, Tofu und Algen)

суп молочный Milchsuppe

суп фасолевый Bohnensuppe

суп щавелевый Suppe aus Sauerampfer, Zwiebel, Möhren und Eiern, wird warm oder kalt serviert

суп-лапша Nudelsuppe

суповой Suppen-

сурепка Winterkresse, Barbarakraut

сурими Surimi, Stäbchen aus Krebsfleischimitat

суфле Soufflé

сухари панировочные Paniermehl

сухарики getrocknete, harte Brotstückchen, zum Salat oder als Snack

сухарь Zwieback, trockenes Brot

сухой trocken

сухофрукты getrocknete Früchte, Dörrobst

сушёный getrocknet

суши Sushi

сушка getrockneter harter Gebäckring

съедобная чешуйчатка japanisches Stockschwämmchen, Nameko, Toskanapilz, Goldschwämmchen

сыр Käse

сыр алтайский harter Käse aus Kuhmilch aus dem Altai

сыр гарцский Harzer Käse

сыр имеретинский georgischer Weichkäse

сыр невызревший Frischkäse

сыр плавленый Schmelzkäse

сыр Российский halbfester gelber Schnittkäse aus Kuhmilch, erinnert an Tilsiter

сыр с плесенью Schimmelkäse

сыр творожный Quarkkäse, Streichkäse

сырник Quarkkeulchen, Quarkpfannkuchen

сырный Käse-

сырный салат Salat aus Käsestückchen und Majonäse

сырный торт Käsekuchen

сыровяленный luftgetrocknet, also nicht geräuchert oder gekocht (bei Fleisch, Schinken)

сыроежка Täubling (Pilz)

сыроежка аметистовая Amethyst-Täubling (Pilz)

сыроежка болотная Apfel-Täubling (Pilz)

сыроежка вильчатая grüner Speise-Täubling (Pilz)

сыроежка вонючая Stink-Täubling (Pilz)

сыроежка девичья milder Wachstäubling (Pilz)

сыроежка замечательная Brauner Leder-Täubling

сыроежка зелёная grasgrüner Täubling (Pilz)

сыроежка зеленоватая grüngefeldeter Täubling, gefelderter Grüntäubling (Pilz)

сыроежка зелёно-красная glänzender Leder-Täubling, weinbrauner Leder-Täubling (Pilz)

сыроежка золотистая Gold-Täubling (Pilz)

сыроежка пищевая fleischroter Speise-Täubling (Pilz)

сыроежка розовая harter Zinnober-Täubling (Pilz)

сыроежка светло-жёлтая Gelber Graustiel-Täubling (Pilz)

сыроежка синеватая Blaugrüner Reiftäubling (Pilz)

сыроежка сине-жёлтая Frauen-Täubling (Pilz)

сыроежка турецкая Jodoform-Täubling

сыроежка цельная Brauner Leder-Täubling

сырой roh

сырой груздь Wimpern-Milchling (Pilz), wird in Russland häufig eingelegt

сырок Dessert, Süßigkeit aus Quark mit Schokoladenüberzug

сырть Zährte, Rußnase (karpfenartiger Fisch)

сэндвич Sandwich

сэндвич клубный Clubsandwich (dreieckiges Sandwich aus zwei Toastscheiben und Belag)

сябзи говурма kaukasisches Gericht aus Hammelfleisch und Spinat, Lauch und verschiedenen Kräutern

табаско Tabasco™ (Chillisoße)

табуле, табули Taboule (libanesischer Salat aus Petersilie und Couscous, oft mit weiteren Gemüsesorten)

таглиатели Tagliatelle (Pasta)

таджин Tajine (in einer marokkanischen Kasserolle zubereitetes Gericht)

тазобедренная часть Schinken

таймень обыкновенный Taimen (Lachsartiger Süßwasserfisch)

тайский thalländisch, Thai-

тамарилло Tamarillo, Baumtomate

тамаринд индийский Tamarinde

танжело Tangola, Minneola (Zitrusfrucht)

таранька, таранка Stockfisch, Klippfisch, getrockneter Fisch

тарелка Teller

тарелка глубокая Suppenteller

тарелка мелкая flacher Teller, Fleischteller

тархун Estragon; grünes kohlensäurehaltiges Erfrischungsgetränk mit Estragon-Extrakt

тассергаль Blaufisch, Blaubarsch

татарский tatarisch

татарский бифштекс Tatar (rohes Rinderhack)

твёрдый hart

твёрдый сыр Hartkäse

творог зернёный Hüttenkäse

творог/творожный Quark

творожный сыр Quarkkäse, Streichkäse

текила Tequila

телёнок Kalb

телятина Kalbfleisch

телячий vom Kalb, Kalb-

тёмный dunkel

тёмный опёнок dunkler Hallimasch (Pilz)

терияки Teriyaki (japanische Soße mit Sojasoße, Ingwer, Sake, Zucker und Honig)

тесто Teig

тесто слоеное Blätterteig

тефтели Fleischklößchen, Fleischbällchen

тёша Bauchstreifen vom Stör oder anderen Fischen, meist geräuchert

тибоун-стейк T-Bone-Steak (Roastbeefscheibe mit Knochen)

тигровая креветка Tigerkrabbe, Bärenschiffskielgarnele

тимьян Thymian

ткемали georgische scharf-saure Soße aus Pflaumen, Peperoni, Knoblauch und Gewürzen

тклапи im Kaukasus verbreitete Paste aus zerkleinerten Pflaumen verbreitet auch als luftgetrocknete Streifen dieser Masse und Bestandteil vieler Gerichte

тмин Kümmel

толстый край rib eye, Scotch fillet

толстый мухомор grauer Wulstling (Pilz)

томат/томатный Tomate

тонизирующий kräftigend, stärkend

топлёное масло Butterschmalz

торнедос Tournedos (kleines Filetsteak)

торт Torte

торт Прага Schokoladentorte

тортеллони Tortelloni (Pasta)

тортик Törtchen

торт-мороженое Eistorte

торык подкогыльо halbmondförmige mit Quark gefüllte Teigtaschen

тофу Tofu

травяной aus Kräutern, Kräuter-

требуха Kutteln, Flecke, Kaldaunen

трепанг Seegurke, Seewalze (am Meeresboden lebende walzenförmige Tiere aus der Familie der Stachelhäuter)

треска Dorsch, Kabeljau

треска полярная Polardorsch

треугольник Dreieck

трещиноватый моховик Rotfußröhrling, Rotfüßchen (Pilz)

трихолома Ritterling (Pilz)

тростниковый сахар Rohrzucker

трутовик зонтичный Eichhase (Pilz)

трюфель Trüffel

тувыртыш подкогыльо halbmondförmige mit Quark und Kartoffeln gefüllte Teigtaschen

тунец Thunfisch

тунчик Sardine

турецкая сыроежка Jodoform-Täubling

турецкий горох Kichererbse

тутовая ягода Maulbeere

тутовка in Aserbaidschan und Armenien verbreiteter Schnapps aus Maulbeeren

тушёнка gekochtes Fleisch in Konservendosen

тушёное мясо gekochtes Fleisch in Konservendosen

тушёный gedünstet, geschmort , gedämpft

тыква/тыквенный Kürbis

тюлька kleine Fische aus dem Schwarzen Meer, ähnlich Sprotten

тюрбо Steinbutt

углеводы Kohlenhydrate

угорь Aal

удильщик европейский Seeteufel, Anglerfisch

уёк Lodde, Kapelan, Capelin (Fisch aus der Familie der Stinte)

ужин Abendessen, Abendbrot

узбекский usbekisch

узо Ouzo

уклейка Ukelei, Ablette, Laube (karpfenartiger Fisch)

украинский ukrainisch

укроп/ укропный Dill

уксус Essig

уксус бальзамический Aceto Balsamico, Balsamico-Essig

улитка Schnecke (auch Gebäck, Zimtschnecke o.ä.)

упаковано abgepackt am

Употребить до Haltbar bis

урюк getrocknete Aprikose

усатый голец Bachschmerle, Bartgrundel

усач Barbe, Flussbarbe, Pigge (Karpfenartiger Fisch)

усач гигантский Riesenbarbe, Siamesischer Riesenkarpfen

устрица Auster

устричный соус Austernsoße

утиный von der Ente, Enten-

утка Ente

утниое яйцо Entenei

уха Fischsuppe

ухо Иуды/уховидная аурикулярия Judasohr, Mu-Errh-Pilz

ушка Fischsuppe

ушко морское Seeohr, Abalone

фава Ackerbohne, Saubohne, Favabohne

фаготини Gebäcktasche (Quarktäsche o.ä.)

фазан Fasan

фазанье яйцо Fasanenei

фалафель Falafel (frittierte Bällchen aus Bohnen oder Kichererbsen)

фарфалле Farfalle (Pasta)

фарш Hackfleisch

фаршированные яица gekochte Eierhälften, das Eigelb wird ausgehölt, mit anderen Zutaten vermengt und wieder auf das Ei gesetzt, sog. "Russische Eier"

фаршированный gefüllt

фасолевый суп Bohnensuppe

фасоль Bohnen

фасоль золотистая Mungobohnen

фасоль стручковая Brechbohnen

фатуш Fattoush (libanesischer Salat mit getoasten Brotwürfeln, grünem Salat und anderem Gemüse)

фейхоа Feijoa, brasilianische Guave

фенхель Fenchel

фенчоза Glasnudeln

фета Feta (Käse)

фетаки Fetaki

фетучини Fettuccine, Bandnudeln

фига Feige

физалис Physalis

филе   Filet

филе миньон Filet Mignon (dünnes Ende vom Filet)

филей Hochrippe (Rind)

финик Dattel

финик индийский Tamarinde

финландский finnisch

фирменный hausgemacht, oft im Zusammenhang "Spezialität des Hauses"

фисташка Pistazie

фондю Fondue

форель Forelle

форель радужная Regenbogenforelle

форшмак Salat aus fein geschnittenem Hering, Zwiebel, Äpfeln, Butter und Frischkäse

французский französisch

фраппе Café frappé

фрикадельки Frikadellen, Fleischbällchen

фрикасе Frikassee

фритюр Fritüre, Friteusenfett

фруктовый aus Früchten, Frucht-, Obst-

фруктовый чай Früchtetee

фуа-гра Foie gras, Stopfleber (Gans oder Ente)

фужер Glas mit Stiel für Sekt oder Cocktails

фузилли Fussili (Pasta)

фундук Haselnuss

хаварти Havarti (dänischer Käse)

халапенью, халапеньо Jalapeño

халва Halva, Türkischer Honig, in Russland weit verbreitete Süßigkeit, meist aus gemahlenen Sonnenblumenkernen, Honig und Zucker

хамса Sardelle

харчо georgische Suppe aus Rindfleisch (seltener Hammel), Reis, Walnüssen und Pflaumen

хачапури Georgisches mit Käse gefülltes Gebäck

хаш kaukasische Suppe aus Rinderbeinscheibe, Kaldaunen und Knoblauch

хашлама kaukasisches Gericht aus Hammel, Gemüse und Bier

хворост frittiertes süßes Gebäck

хвостик рака Krebsschwanz

хек Seehecht

херес Sherry

хинкали Chinkali (georgische gefüllte Teigtaschen, hauptsächlich mit Fleisch, seltener mit Käse)

хлеб Brot

хлеб белый Weißbrot

хлеб Бородинский Roggenbrot mit Malz und Koriander

хлеб Вестфальский Pumpernickel

хлеб карельский Kastenbrot mit Rosinen und Koriander

хлеб ржаной Roggenbrot

хлеб Рижский Mischbrot (Weizen und Roggen) mit Honig und Kümmel

хлеб чёрный Schwarzbrot

хлебец Brötchen, Brotstück

хлопья Flocken

хмель Hopfen

холодец Sulze, Sülze

холодник kalte russische Suppe aus roter Bete, Eiern, Gurken und Lauch

холодного копчения kaltgeräuchert

холодный kalt

холодный чай Eistee

хомос Hummus (Pürree aus Kichererbsen, Sesam, Olivenöl, Zitronensaft und Gewürzen)

хорватский kroatisch

хот-дог Hot-Dog

хранить в сухом месте trocken lagern

хранить в холодильнике im Kühlschrank aufbewahren

хранить при температуре ... °C aufbewahren bei ... °C

хребет Rückrat, Wirbelsäule, Gräten (bei Fisch)

хрен Meerrettich

хрустящий knusprig

хрящ Knorpel

хумус Hummus (Pürree aus Kichererbsen, Sesam, Olivenöl, Zitronsensaft und Gewürzen)

хурма (восточная) Kaki, Honigapfel, Persimone, Sharonfrucht

хушур mongolische frittierte Teigtasche, meist gefüllt mit Hammelfleisch, manchmal Rindfleisch

цветная капуста Blumenkohl

цветочный мёд Blütenhonig

цезарский гриб Kaiserling, Kaiserpilz, Orangegelber Wulstling

цейлонский Ceylon- (meist Tee)

цельная сыроежка Brauner Leder-Täubling

ценность энергетическая Brennwert, Kaloriengehalt

цесарка Perlhuhn

цикорий Chicoree, Zichorie (Tee)

цикорий салатный Endiviensalat

цитрофортунелла Calamondinorange, Citrofortunella, Calamansi

цуккини Zucchini

цыган Tannenreizker, olivbrauner Milchling (Pilz)

цыплёнок Hähnchen

чабёр садовый Bohnenkraut

чабрец Thymian

чавыча Königslachs

чай Tee

чай ассамский Assam (Schwarzteesorte), auch als "English breakfast tea"

чай копорский "Russischer Tee/koptischer Tee" aus Blättern des schmalblättrigen Weidenröschens

чай листовый Blatt-Tee, Tee in ganzen Blättern

чай русский "Russischer Tee/koptischer Tee" aus Blättern des schmalblättrigen Weidenröschens

чай фруктовый Früchtetee

чай холодный Eistee

чайная ложка Teelöffel

чайник Teekanne, Teekännchen

чайничек Teekännchen

часть бедренная Schenkel

часть лопаточная Schulterstück vom Rind, Schaufel, Schweineschulter, Vorderschinken

часть плечевая Schulterstück vom Rind, Bug

часть поясничная Schweinelende

часть спинная Fehlrippe (Rind), Rippe (Schwein)

часть тазобедренная Schinken

чатни Chutney

чахохбили georgisches Ragout mit Fleisch (ursprünglich Fasan, meist Geflügel)

чача georgischer Weinbrand aus unreifen Trauben oder den Resten der Weinmaische

чашка Tasse, Schale

чебак Rotauge, Plötze, Schwal (Fisch aus der Famile der Karpfen)

чебурек frittierte meist mit Fleisch und Zwiebeln gefüllte halbrunde Teigtasche

чевапчичи Cevapcici (gegrillte Hackfleischspießchen)

чеддар Cheddar (Käse)

челышко Rinderbrust

черемша Bärlauch (oft eingelegte Bärlauchstangen)

черешня Vogelkirsche

черешня ацерола Acerola, Acerolakirsche

черимойя Cherimoya (Frucht)

чёрная дуплянка Tannenreizker, olivbrauner Milchling (Pilz)

чёрная икра Schwarzer Kaviar vom Stör

чёрная смородина schwarze Johannisbeere

чернеющий подгруздок dickblättriger Schwärz-Täubling (Pilz)

черника Heidelbeere

чернила (каракатицы) (Tintenfisch-)Tinte

черноплодная рябина Apfelbeere

чернослив Dörrpflaumen, Trockenpflaumen

чернушка Tannenreizker, olivbrauner Milchling (Pilz)

чёрный schwarz

чёрный амур schwarzer Amur, schwarzer Graskarpfen

чёрный груздь Tannenreizker, olivbrauner Milchling (Pilz)

чёрный корень Schwarzwurzel

чёрный подгруздок Rauchbrauner Schwärz-Täubling, Brandtäubling (Pilz)

чёрный хлеб Schwarzbrot

черныш Tannenreizker, olivbrauner Milchling (Pilz)

чёртов орех Wassernuss, Wasserkastanie

чеснок Knoblauch

чеснок дикий Bärlauch

чесночник (обыкновенный) Kleiner Knoblauchschwindling (Pilz)

чесночный mit Knoblauch, Knoblauch-

четыре сезона vier Jahreszeiten (Salat oder Pizza)

чехохбили georgisches Gericht aus gekochtem Hähnchen- oder Hammelfleisch und Gemüse

чечевица Linse

чечил salziger, oft geräucherter Fadenkäse

чешский tschechisch

чешуйка Schuppe

чешуйчатка съедобная japanisches Stockschwämmchen, Nameko, Toskanapilz, Goldschwämmchen

чиабатта Ciabatta

чизбургер Cheese Burger

чизкейк Cheesecake, amerikanischer Käsekuchen

чилийский chilenisch, Chili-

чилим Wassernuss, Wasserkastanie

чипсы Chips

чихиртма georgische Suppe aus Huhn- oder Hammelbrühe, Zwiebel, Mehl und Eiern

чужук/ чучук Sucuk (Rohwurst aus Rind- oder Kalbfleisch)

чурек kaukasisches ungesäuertes Fladenbrot

чурчхела georgische Süßigkeit aus Walnüssen, die an einem Faden aufgezogen, in Traubensaftsirup getaucht und luftgetrocknet werden

шабли Chablis

шалот Schalotte

шалфей Salbei

шампанское Champagner, Sekt

шампанское крымское Krimsekt

шампиньон Champignon

шампиньон августовский Riesenchampignon, Riesenegerling

шампиньон лесной Kleiner Waldchampignon

шаньга herzhaft gefülltes Gebäck mit Fleisch, Pilzen, Kartoffeln etc.

Шардоне Chardonnay

шарик Kugel, Bällchen, Kloß, Knödel

шатобриан Chateaubriand (dickes Filetsteak aus dem Mittelstück)

Шатонеф Chateauneuf

шафран Safran

шашлык Schaschlik, meist über offenem Feuer gegrillter Fleischspieß (anders als in Dtl. meist ohne Gemüse, nur Fleisch oder Fisch)

шведский schwedisch

шведский стол Büfett, Buffet, All you can eat

швейцарский schweizerisch

шейка Hals

шелковица Maulbeere

шечаманды georgische Suppe aus Sauermilch, Mehl und Eiern

шея Hals, Kamm, Nacken

шиитаке Shiitake (japanischer Pilz)

шип Glattdick, Glatt-Stör

шиповатый дождевик Flaschenstäubling, Flaschenbovist (Pilz)

шиповник Hagebutte

Шираз Shiraz (rote Rebsorte v.a. in Frankreich und Australien)

шиш-кебаб Andere Bezeichnung für Schaschlik, meist über offenem Feuer gegrillter Fleischspieß

(anders als in Dtl. meist ohne Gemüse, nur Fleisch oder Fisch)

шкварка Schwarte

шкварки Grieben

шнельклопс "Schnellklops", in Mehl panierte Fleischstücke

шнитт-лук Schnittlauch

шницель Schnitzel

шоколад/шоколадный Schokolade

шотландский schottisch

шпик Speck

шпинат Spinat

шпроты Sprotten

штоллен Christstollen, Stollen

штопор Korkenzieher

штрудель яблочный Apfelstrudel

шуба kaltes Gericht aus Hering, Zwiebeln, roter Beete, Möhren und Kartoffeln

шужук Sucuk (Rohwurst aus Rind- oder Kalbfleisch)

шурпа meist sehr fetthaltige Suppe oder Eintopf mit Gemüse und Hammelfleisch, selten Geflügel

шыл подкогыльо halbmondförmige mit Fleisch

gefüllte Teigtaschen

щавелевый aus Sauerampfer, Sauerampfer-

щавелевый суп Suppe aus Sauerampfer, Zwiebel, Möhren und Eiern, wird warm oder kalt serviert

щавель Sauerampfer

щи Schtschi (Kohlsuppe aus Sauerkraut oder Weißkohl in Fleischbrühe, manchmal auch mit Fleisch)

щука Hecht

щука морская Leng, Lengfisch

экзотический exotisch

эклер Eclair, längliches gefülltes Gebäck aus Brandteig mit Zuckerglasur

электрический сом Zitterwels

эль Ale (Bier)

эль имбирный Ginger Ale

эмментальский Emmentaler

эндивий Endiviensalat

энергетическая ценность Brennwert, Kaloriengehalt

энергетический напиток Energy Drink

энокитаке gemeiner Samtfußrübling, Enoki (Pilz)

эскалоп Schnitzel

эсколар Escolar, Buttermakrele

эспрессо Espresso

эстонский estnisch

эстрагон Estragon

южнокаспийский осётр
Persischer Stör

южный орех Paranuss

яблоко/яблочный Apfel

яблочный штрудель
Apfelstrudel

ягнёнок Lamm, Schaflamm

ягода Beere

ягода винная Feige

ягода Логана/ логанова
Loganbeere

ягода тутовая Maulbeere

ягоды лесные Waldbee-
ren

язык Zunge

язык морской Seezunge

язь Aland, Nerfling, Orfe
(karpfenartiger Fisch)

яиц Panade

яица фаршированные
gekochte Eierhälften, das
Eigelb wird mit anderen
Zutaten vermengt und auf
das Eiweiß gesetzt, sog.
"Russische Eier"

**яица фаршированные с
икрой** gekochte mit Kaviar gefüllte Eier

яйцо Ei

яйцо вкрутую hartgekoch-
tes Ei

яйцо всмятку weichge-
kochtes Ei

яйцо гусиное Gänseei

яйцо куриное Hühnerei

яйцо перепелиное
Wachtelei

яйцо сраусиное Straußenei

яйцо утниое Entenei

яйцо фазанье Fasanenei

яичница-болтунья Rührei

яичница-глазунья Spiegelei

яичный ликёр Eierlikör

якитори Yakitori (japanische Grillspieße)

ямайский перец Piment

японский japanisch

японский солнечник Petersfisch, Heringskönig,
Martinsfisch

ячмень/ячменный Gerste

ячневая крупа gemahlene
Gerste

Aal угорь

Abendbrot ужин

abgelagert выдержанный

abgepackt am упаковано

Absinth абсент

Acerolakirsche ацерола

Adlerfisch королевский горбыль

Agar-Agar агар-агар

Agave агава

Ahornsirup кленовый сироп

Akazienhonig акациевый мёд

Ale (Bier) эль

Alge водоросль

Amarenakirsche амарена

Amur-Stör амурский осётр

Ananas ананас

Anchovis, Sardelle анчоус

Anis анис

Ansatz, Aufguss настой

Antipasti антипасто, антипасти

Aperitif аперитив

Apfel яблоко

Apfelstrudel яблочный штрудель

Apfelwein сидр

Aprikose абрикос

Artischocke артишок

Aschenbecher пепельница

Aspik заливное

Aubergine баклажан

Auerhahn глухарь

auf на

aufgebrüht заваренный

aus из

auserlesen изысканный

Auster устрица

Austernsoße устричный соус

Avocado авокадо

Backpulver разрыхлитель

Baguette багет

Baiser безе

Baklava баклава

Balsamico-Essig бальзамический уксус

Bambus бамбук

Banane банан

Barbe марена

Barbecue барбекю

Bärlauch дикий чеснок

Barramundi баррамунди

Barsch окунь

Basilikum базилик

Basmatireis басмати

Bauch брюшко

Beere ягода

Beifuß полынь

Beilage гарнир

belegtes Brot бутерброд

Belugastör белуга
Berberitzen-Beere барбарис
Bienenhonig пчелиный мёд
Bier vom Fass бочковое пиво
Birne груша
Biskuit бисквит
bitter горький
Blatt лист
Blätterteig слоеное тесто
Blattsalat листовой салат
Blatt-Tee листовый чай
Blaufisch луфарь
Blesshuhn лыска
Blumenkohl цветная капуста
Blütenhonig цветочный мёд
blutig с кровью
Blutwurst кровяная колбаса
Bohne боб
Bohnen фасоль
Bohnenkraut чабёр садовый
Boretsch огуречник
Borschtsch борщ
Bouillon бульон
Bowle крюшон
Brachse лещ
Braten жаркое

brauner Reis нешлифованный рис
Brechbohnen стручковая фасоль
Brennessel крапива
Brokkoli брокколи
Brombeere ежевика
Brot хлеб
Brötchen булочка
Brunch бранч
Brust грудка
Brut брют
Buchweizen гречневая крупа
Buchweizengrütze гречневая каша
Buckellachs горбуша
Buffet шведский стол
Burger брургер
Butter сливочное масло
Buttermilch пахта
Butterschmalz топлёное масло
Café frappé кофе-фраппе
Caffe Latte латте
Camembert камамбер
Canneloni (Pasta) каннеллони
Cantaloupe-Melone канталуп
Cappuccino капучино
Carpaccio карпачо, карпаччо

Cashewnuss кешью

Cayenne-Pfeffer
 кайенский перец

Cervelatwurst сервелат

Cevapcici чевапчичи

Ceylon- (meist Tee)
 цейлонский

Chablis шабли

Champagner шампанское

Champignon шампиньон

Chardonnay Шардоне

Chateaubriand шатобриан

Chateauneuf Шатонеф

Cheddar (Käse) чеддар

Cheese Burger чизбургер

Cheesecake чизкейк

Cherimoya черимойя

Cherry-Tomaten
 помидоры черри

Chicoree цикорий

Chilischote перчик

Chinakohl китайская
 капуста

Chips чипсы

Chutney чатни

Ciabatta чиабатта

Clementine клементин

Clubsandwich клубный
 сэндвич

Coca Cola кола

Cocktail коктейль

Cordon Bleu кордон блю

Cornichon корнишон

Couscous кус-кус

Cracker крекер

Creme крем

Curry карри

dampfgegart на пару

Dattel финик

Debreziner Würstchen
 дебреценская сосиска

Dessert десерт

Dickmilch простокваша

Dill укроп

Dinkel полба

Dip дип

Distelöl сафлоровое
 масло

Donut пончик

doppelter Espresso
 двойной эспрессо

Dorade дорада

Dornhai катран

Dörrpflaumen чернослив

Dorsch треска

Dose банка

Dragée драже

dunkel тёмный

durchgebraten
 прожаренный

Edelkastanie каштан

Ei яйцо

Eierlikör яичный ликёр

Eigelb желток

eingelegt моченый

Fleischteller мелкая тарелка
Flocken хлопья
Flügel крыло
Flugfisch летучая рыба
flüssiger Honig жидкотекучий мёд
Foie gras фуа-гра
Fondue фондю
Forelle форель
Frikadelle бифштекс
Frikassee фрикасе
frisch свежий
frischgepresst свежевыжатый
Frischkäse невызревший сыр
frittierte Zwiebelringe лук фри
frittiertes süßes Gebäck хворост
Frucht плод
Früchtetee фруктовый чай
Fruchtfleisch мякоть
Fruchtlikör запеканка
Frühlingsrolle спринг ролл
Frühlingszwiebel зелёный лук
Frühstück завтрак
Füllung наполнитель
Fuß ножка
Fussili фузилли
g (Gramm) г

Gabel вилка
Gans гусь
Gänseei гусиное яйцо
Garnelen креветки
Gebäck печенье
gebackene Kartoffelecken картофель по-деревенски
gebraten жареный
gedämpft пареный
gedörrt вяленый
gedünstet тушёный
Geflügel, Vogel птица
gefüllt начинённый
gefüllte Weinblätter долма
gegrillt на гриле
gehackt рубленый
geklopft отбитый
gekocht варёный
gekochte Kartoffeln картофель отварной
gekühlt охлажденный
Gelatine желатин
Gelee желе
gemahlen молотый
Gemüse овощи
Gemüse Sauté овощное соте
Gemüsepaprika болгарский перец
Gemüseplatte ассорти овощное

gepökelt засоленный в
  рассоле
geputzt очищенный
geräuchert копчёный
Gericht кушанье
geröstet обжаренный
Gerste ячмень
geschnitten резаный
Getränk напиток
Getränkekarte карта
  напитков
Getreide-, Körner-
  зерновый
getrocknet сушёный
getrocknete Früchte
  сухофрукты
Gewicht вес
Gewürz(mischung)
  приправа
Gewürze специи
Gewürzkräuter пряные
  трава
Gin джин
Ginger Ale имбирный эль
Glas стакан
Glas mit Stiel für Sekt oder
  Cocktails фужер
Glas mit Stiel für Wein
  oder Cocktails бокал
Glas mit Stiel, z. B. für
  Vodka oder Cognac
  рюмка

Glasnudeln стеклянная
  лапша
Glasur глазурь
Glattbutt калкан гладкий
Glattdick шип
Glühwein глинтвейн
Glutamat глутамат
Gnocchi ньокки
Goldbarsch золотистый
  (морской) окунь
Gouda гауда
Goulasch гуляш
Grapefruit грейпфрут
Gratin запеканка
Graupen перловая крупа
Grenadinensirup
  гренадин
Grieben шкварки
Grieß манная крупа
Grünkohl грюнколь
Grütze каша
Guave гуайява
Gurke огурец
Gurkenkürbis кабачок
Hackfleisch фарш
Hafer овёс
Haferflocken овсянка
Hafergrütze овсяная каша
Hagebutte шиповник
Hähnchen бройлер
halb durch средней
  прожарки
halbfest полутвёрдый

halbsüß полусладкий
halbtrocken полусухой
Hals шейка
haltbar bis годен до
Hamburger гамбургер
Hammelfleisch баранина
hart твёрдый
Hartkäse твёрдый сыр
Hase заяц
Haselhuhn рябчик
Haselnuss фундук
hausgemacht домашний
Haut кожа
Haxe рулька
Hecht щука
Hefe дрожжи
Heidekrauthonig
 вересковый мёд
Heidelbeere черника
Heilbutt палтус
heiß горячий
hell светлый
hergestellt am
 изготовлено
Hering сельдь
Heringshai ламна
Herz сердце
Hibiskus гибискус
Himbeere малина
Hirn мозги
Hirschfleisch оленина
Hirse пшено
Holunder бузина

Holzmakrele ставрида
Honig мёд
Honigmelone медовая
 дыня
Hopfen хмель
Hörnchen рожок
Hot-Dog хот-дог
Hüfte кострец
Huhn курица
Hühnerei куриное яйцо
Hühnerküken курочка
Hummer омар
Hummus хумус
Hüttenkäse зернёный
 творог
Imbiss закуски
importiert импортный
in в
Ingwer имбирь
Innereien внутренности
Jamaikapfeffer душистый
 горошек
Jasmin жасмин
Joghurt йогурт
Johannisbeere смородина
jung молодой
Kaffee кофе
Kaffee Americano Кофе
 Американо
Kakao какао
Kaki хурма (восточная)
Kalbfleisch телятина
Kaldaune рубец

kalorienarm
  малокалорийный
Kaloriengehalt
  энергетическая
  ценность
kalt холодный
kaltgeräuchert холодного
  копчения
Kaluga калуга
Kamille ромашка
Kammmuscheln морской
  гребешок
Kandiszucker сахар-
  кандис
Känguru кенгуру
Kaninchen кролик
Kapaun каплун
Kapern каперсы
Kardamom кардамон
Karpfen карп
Karree каре
Kartoffelklöße
  картофельные шарики
Kartoffeln картофель
Kartoffelpuffer драник
Kartoffelpüree
  картофельное пюре
Kartoffelrösti
  картофельные рости
Kartoffelspalten
  картофельные дольки
Käse сыр

Käseaufschnitt ассорти
  сырное
Käsekuchen сырный торт
Katzenhai морской пёс
Kaugummi жвачка
Kaulbarsch ёрш
Kaviar икра
Kaviar vom Belugastör
  белужья икра
kcal (Kalorien) ккал
Kefir кефир
Keime ростки
Kellner официант
Kerbel кервель
Kern косточка
Ketchup кетчуп
Keule задняя нога
kg (Kilogramm) кг
Kichererbse турецкий
  горох
Kirsche вишня
Kirschpflaume алыча
Kiwi киви
klar осветленный
Kleehonig клеверный мёд
Kloß клецка
Knoblauch чеснок
Knoblauchzehe зубчик
  чеснока
Knochen кость
Knochenbrühe костный
  бульон

Knochenmark костный мозг
Knurrhahn (Fisch) морской петух
knusprig хрустящий
Kochtopf кастрюля
koffeinfreier Kaffee декафеинато
Kognak коньяк
Kohlenhydrate углеводы
Kohlrabi кольраби
Kohrouladen голубцы
Kokos кокос
Kokosmilch кокосовое молоко
Kokosnuss кокосовый орех
Kompott компот
Kondens- сгущённый
Konfitüre конфитюр
Königskrabbe камчатский краб
Königskrabben королевские креветки
Königslachs чавыча
Konservierungsmittel консервант
Konzentrat концентрат
Kopf голова
Koriander кориандр
Korkenzieher штопор
Kornblumenhonig васильковый мёд

Krabbe краб
Krabben крабы
Krake осьминог
Kräuter зелень
Kräuterlikör бальзам
Krebs рак
Krebsfleisch раковые шейки
Krebsschwanz хвостик рака
Kresse садовый салат
Kreuzkümmel кмин
Krimsekt крымское шампанское
Krokant грильяж
Kroketten крокеты
Krug кружка
Kruste корочка
Kuchen пирожное
Kuh корова
Kümmel тмин
Kunsthonig искусственный мёд
Kürbis тыква
Kurkuma куркума
Kutteln требуха
Lachs лосось
Laib Brot буханка
Lakritze лакрица
Lamm ягнёнок
Langsemmel батончик
Languste лангуста, лангуст
Lasagne лазанья

Lattich, Gartensalat латук
Lauch порей
Lebensmittel продукты
Leber печень
Leberwurst ливерная колбаса
Lebkuchen пряник
leicht лёгкий
leichtgesalzen слабосолёный
Leinsamen льняное семя
Liebstöckel любисток
Likör ликёр
Limette лайм
Limonade лимонад
Lindenblütenhonig липовый мёд
Linse чечевица
Litschi личи
Löffel ложка
Lorbeer лавр
Lorbeerblatt лавровый лист
luftgetrocknet сыровяленный
Lunge лёгкое/лёгкие
Macadamianuss австралийский орех
Magen желудок
Magermilch снятое молоко
Mais кукуруза
Majoran майоран

Makrele макрель
Makrelenhecht сайра
Malz солод
Mandarine мандарин
Mandel миндаль
Mango манго
Mangold мангольд
Margarine маргарина
mariniert маринованный
Marzipan марципан
Mascarpone маскарпоне
Masthuhn пулярка
Maulbeere тутовая ягода
Mayonnaise майонез
Medaillon медальон
medium слабой прожарки
Meeräsche кефаль
Meeresfrüchte морепродукты
Meerrettich хрен
Meersalz морская соль
Mehl мука
Melone дыня
Messer нож
Miesmuschel мидия
Milch молоко
Milch Shake молочный коктейль
Mineralwasser минеральная вода
Minze мята
Mirabelle мирабель
mit с

mit Kohlensäure с газом
Mittagessen обед
Mittagsmenü бизнес ланч
Mohn мак
Möhre, Karotte морковь
Mokka мокка, мокко
Moosbeere клюква
Mousse мусс
Mozzarella моццарелла
Muffin маффин
Mungobohnen золотистая
    фасоль
Muskat мускат
Muskatnuss мускатный
    орех
Müsli мюсли
Nacho начо
Nektar нектар
Nektarine нектарина
Nelke гвоздика
Nettogewicht вес нетто
Niere почка
Nougat нуга
Nudeln лапша
Nudelsuppe суп-лапша
Nuggets наггетсы
Nuss орех
Oberschale vom Rind
    огузок
Ofen печь
ohne Knochen бескостный
Okra окра
Öl масло

Olive маслина
Olivenöl оливковое масло
Omelette омлет
Orange апельсин
Oregano ориган
Ouzo узо
Päckchen пачка
Pampelmuse пампельмус
Panade панировка
Pangasius пангасиус
Paniermehl
    панировочные сухари
Paprika паприка
Paranuss американский
    орех
Parmesan пармезан
Passionsfrucht маракуйя
Pasta паста
Pastete паштет
pasteurisiert
    пастеризированный
Pastinake пастернак
Pellkartoffel картошка в
    мундире
Penne (Pasta) пенне
Peperoni пеперони
Perlhuhn цесарка
Pesto песто
Petersilie петрушка
Pfanne сковорода
Pfannkuchen блин
Pfeffer перец

Pfefferminze перечная мята

Pfeffermühle перцемолка

Pfifferling лисичка

Pfirsich персик

Pflanzenöl растительное масло

Pflaume слива

Physalis физалис

pikant пикантный

Pilz гриб

Piment пимент

Pinienkern пиния

Pistazie фисташка

Pizza пицца

Platte палитра

Polardorsch сайка

Pommes Frites картофель фри

Porterhouse-Steak портерхаус-стейк

Portion порция

Portobello-Pilz портабело

Portwein портвейн

Preiselbeere брусника

prickelnd игристый

Pudding пудинг

Puderzucker сахарная пудра

Pumpernickel пумперникель

Punsch пунш

Püree пюре

Pute индейка

Quark творог

Quarkkäse творожный сыр

Quarkpfannkuchen сырник

Quitte айва

Raclette раклет

Radicchio радиччио

Radieschen редис, редиска

Ragout рагу

Raki ракы

Ratatouille рататуй

Rauch дым

Ravioli равиоли

Rebhuhn куропатка

Regenbogenforelle радужная форель

Rehfleisch косуля

reif спелый

Reis рис

Reisnudeln рисовая лапша

Rentier олень

Rettich редька

Rhabarber ревень

Rib Steak риб-стейк

Ribeye Steak рибай

Ricotta рикотта

riesig, Riesen- гигантский

Rigatoni (Pasta) рожки

Rind-, Rinder-, vom Rind говяжий

Rinderbrust челышко

Rinderfilet говяжья вырезка

Rinderhals зарез

Rindfleisch говядина

Rippchen рёбрышки

Rippe спинная часть

Rippe ребро

Rippenstück корейка

Risotto ризотто

Roastbeef ростбиф

Roggen рожь

Roggenbrot ржаной хлеб

roh сырой

Rohrzucker тростниковый сахар

Roibusch ройбуш

Röllchen ролл

Romana-Salat римский салат

Roquefort (Käse) рокфор

Rosine изюм

Rosmarin розмарин

rot красный

Rotbarbe барабуля/барабулька

Rotbarsch морской окунь

Rote Beete свёкла

rote Johannisbeere красная смородина

rote Zwiebel красный лук

Rotkohl, Rotkraut красная капуста

Rotlachs красная нерка

Roulade рулет

Rübe репа

Rückrat хребет

Rucola руккола

Rührei яичница-болтунья

Rum ром

Rundkornreis круглозерный рис

Safran шафран

Saft сок

saftig сочный

Sahne сливки

Sahneeis пломбир

Salami салями

Salat салат

Salbei шалфей

Salsa сальса

Salz соль

Sanddorn облепиха

Sandwich сэндвич

Sardelle хамса

Sardine тунчик

Saubohne конский боб

sauer кислый

Sauerampfer щавель

Sauerkraut квашеная капуста

Sauermilchgetränk ряженка

Sauerrahm сметана

Sauerteig закваска
Säure кислота
Sauté соте
Schaf овца
Schale кожура
Schalotte шалот
scharf острый
Schaum пена
Schaumwein игристое
  вино
Scheibe ломоть
Schellfisch пикша
Schenkel ляжка
Schere (bei Hummer etc.)
  клешня
Schimmelkäse сыр с
  плесенью
Schinken ветчина
Schinkenröllchen
  рулетики из ветчины
Schlagsahne сливки
  взбитые
Schleie линь
Schmalz смалец
Schmelzkäse плавленый
  сыр
Schnappsglas стопка
Schnecke (auch als Ge-
  bäck, Zimtschnecke o.ä.)
  улитка
Schnittlauch шнитт-лук
Schnitzel шницель
Schokolade шоколад

Scholle, Goldbutt морская
  камбала
Schtschi щи
Schulter лопатка
Schuppe чешуйка
Schwarte шкварка
schwarz чёрный
Schwarzbrot чёрный хлеб
schwarze Johannisbeere
  чёрная смородина
schwarzer Amur амур
  чёрный
Schwarzer Kaviar vom Stör
  чёрная икра
Schwarzwurzel чёрный
  корень
Schwein свинья
Schweinebraten
  буженина
Schweinefleisch свинина
Schweinelende
  поясничная часть
Schwertfisch меч-рыба
Seehase морской воробей
Seehecht сибасс
Seelachs сайда
Seetang морская капуста
Seeteufel морской чёрт
Seewolf зубатка
Seezunge морской язык
Seimhonig банный мёд
Selbstbedienung
  самообслуживание

Sellerie сельдерей

Senf горчица

Serviette салфетка

Sesam кунжут / кунжутный

Sevruga-Stör севрюга

Sherry херес

Shiitake шиитаке

Silberlachs кижуч

Sirloin-Steak сирлоин-стейк

Sirup сироп

Skirtsteak скирт-стейк

Soja соя

Sojabohnen соевые бобы

Sojasoße соевый соус

Sonnenblumenhonig подсолнечниковый мед

Sonnenblumenöl подсолнечное масло

Sorbet сорбэ

Soufflé суфле

Spaghetti спагетти

Spanferkel поросёнок молочный

Spargel спаржа

Speck сало

Speisekarte меню

Spiegelei яичница-глазунья

Spieß вертел

Spinat шпинат

spritziges Wasser газированная вода

Sprotten шпроты

Stachelbeere крыжовник

Stangensellerie стебель сельдерея

stark крепкий

Stärke, Speisestärke крахмал

Steak стейк

Steinbutt тюрбо

Steinpilz белый гриб

Sternanis анис звёздчатый

Sternfrucht карамбола

stilles Wasser негазированная вода

Stint (Fisch) корюшка

Stör осётр

Störfleisch осетрина

Strauß страус

Straußenei сраусиное яйцо

Strohhalm соломинка

Stück(chen) кусок/кусочек

Stück, Scheibe долька

Stück, Stückchen брусочек

Sultanine кишмиш

Sulze студень

Suppenlöffel столовая ложка

Suppenteller глубокая тарелка

Sushi суши

süß сладкий

süß oder herzhaft gefüllte Pastete пирог

Süßkartoffel батат

süß-sauer кисло-сладкий

Tagliatelle (Pasta) таглиатели

Tamarillo древесный помидор

Tamarinde индийский тамаринд

Tangola танжело

Tasse чашка

Taube голубь

T-Bone-Steak тибоун-стейк

Tee чай

Teekanne, Teekännchen чайник

Teelöffel чайная ложка

Teig тесто

Teller тарелка

Thunfisch тунец

Thymian тимьян

Tigerkrabbe тигровая креветка

Tintenfisch кальмар

Tintenfischring кольцо калмара

Tofu тофу

Tomate помидор

Törtchen тортик

Torte торт

Tournedos торнедос

trocken сухой

Tropfen капля

Trüffel трюфель

türkischer Kaffee кофе по-турецки

über Kohle gegrillt на углях

überbacken запечённый

ungefiltert нефильтрованный

ungesäuert пресный

Unterschenkel голень

Vanille ваниль

vegetarisch вегетарианский

Vodka водка

Volumen объём

Wabenhonig сотовый мёд

Wachtel перепел/перепелка

Wachtelei перепелиное яйцо

Waffel вафлия

Waldbeeren лесные ягоды

Walderdbeere земляника лесная

Waldhonig бортевой мёд

Walnuss грецкий орех

warme Vorspeisen закуски горячие

Wasser вода
Wasserkastanie водяной орех
wasserlöslich растворимый
Wassermelone арбуз
Weichkäse мягкий сыр
Weidenröschenhonig кипрейный мед
Wein вино
Weinblatt виноградный лист
Weinbrand бренди
Weinkarte карта вин
Weintrauben виноград
weiß белый
Weißbrot белый хлеб
weißes Brötchen сайка
Weißkohl капуста
Weißlachs нельма
Weizen пшеница
Wels сом
Wermut вермут
Wiener Würstchen венская сосиска
Wild дичь
wilder Honig дикий мёд
Wildreis дикий рис
Wildschwein кабан
Wirsing миланская капуста
Wolfsbarsch лаврак
Wolgazander судак

волжский
Würfelzucker рафинад
Wurst колбаса
Würstchen сосиски
Wurstplatte ассорти мясное
Würze пряность
würzig пряный
Zährte сырть
Zander судак
zart нежный
Ziege коза
Ziegenkäse козий сыр
Ziegenmilch козье молоко
Zigaretten сигареты
Zimt корица
Zitrone лимон
Zitronengras лемонграсс
Zitronenmelisse лекарственная мелисса
Zucchini цуккини
Zucker сахар
Zuckerwatte сахарная вата
Zunge язык
Zutaten состав
Zweig веточка
Zwieback сухарь
Zwiebel луковица
Zwiebelsuppe луковый суп